**Vom Kaiserreich zum geteilten Deutschland**
# Der Untertan
R E V I S I T E D

von Keller-Stiftung, Lübeck

Reinhold-Jarchow-Stiftung, Lübeck

Heinrich-Mann-Gesellschaft, Lübeck

POSSEHL-STIFTUNG

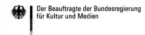

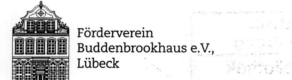

Kulturpartner: **NDR kultur**

Michael Grisko

Vom Kaiserreich zum geteilten Deutschland

# Der Untertan REVISITED

BERTZ + FISCHER

Bibliografische Information Der Deutschen Bibliothek:
Die Deutsche Bibliothek verzeichnet diese Publikation in der Deutschen
Nationalbibliografie; detaillierte bibliografische Daten sind im Internet
über <http://dnb.ddb.de> abrufbar.

Umschlagabbildung:
Filmstill aus »Der Untertan« (1951) © by DEFA-Stiftung

Gestaltung: Jochen Ebert

Buddenbrookhaus-Kataloge
Herausgegeben im Auftrag der
Kulturstiftung Hansestadt Lübeck
Heinrich-und-Thomas-Mann-Zentrum
von Hans Wißkirchen

Alle Rechte vorbehalten
© 2007 by Buddenbrookhaus, Lübeck
und Bertz + Fischer GbR, Berlin
Druck: druckhaus köthen, Köthen
Printed in Germany
978-3-86505-179-0

## > Inhaltsverzeichnis

**Grußwort**
    Grußwort von Prof. Dr. Hans Wißkirchen .................................................................. 7

**Essay**
    Michael Grisko: Der Untertan – revisited. Vom Kaiserreich zum geteilten Deutschland ............ 13
        Thema: Heinrich Mann (1871-1950) ........................................................................ 14
        Thema: Kaiser Wilhelm II. – Anekdoten, Sprüche und Reden ...................................... 18
        Thema: »Der Untertan« – Ein Roman entsteht .......................................................... 22
        Thema: »Der Untertan« – Ein Film entsteht ............................................................... 28
        Thema: Werner Peters (1918-1971) ......................................................................... 35
        Thema: Wolfgang Staudte (1906-1984) ................................................................... 40

**Abbildungen** ............................................................................................................. 63

**Materialien** ............................................................................................................... 81
    Malte Ludin interviewt Wolfgang Staudte (1976) ......................................................... 83
    Wolfgang Staudte: Der Heldentod füllt immer noch die Kinokassen (1964) ................... 89
    Heinrich Mann: Kaiserreich und Republik (1919) ........................................................ 93
    Kurt Tucholsky: Was darf die Satire? (1919) ................................................................ 101

**Literaturhinweise** ...................................................................................................... 103

**Abbildungsnachweis** ................................................................................................. 107

**Dank** ........................................................................................................................ 109

Abbildungsmuster für Inserate und Plakate zum Start des Films »Der Untertan« im Jahr 1951 aus der Presseabteilung der Progress-Film.

# > Grußwort

Seit das Heinrich-und-Thomas-Mann-Zentrum im Jahre 1993 gegründet wurde, hat es sich immer wieder in Ausstellungen mit dem Werk von Heinrich Mann beschäftigt. 1871 in Lübeck geboren und 1950 im Exil in Santa Monica/USA gestorben, gehört er zu den großen deutschen Schriftstellern des 20. Jahrhunderts. Neben seinem unbestreitbaren literarischen Rang ist sein Werk noch unter einem ganz speziellen Aspekt von Bedeutung. Zwei seiner Romane sind Vorlagen für Filme geworden, die in der internationalen Geschichte des Films einen festen Platz einnehmen: »Professor Unrat« wurde 1930 unter dem Titel »Der blaue Engel« mit Marlene Dietrich und Emil Jannings in den Hauptrollen verfilmt, und 1951 wurde der Film »Der Untertan« uraufgeführt, der auf dem gleichnamigen Roman Heinrich Manns aus dem Jahre 1918 basiert.

In einer ersten Ausstellung unter dem Titel »Mein Kopf und die Beine von Marlene Dietrich«, die vom 24. März bis zum 25. August 1996 gezeigt wurde, hat das Buddenbrookhaus den Josef-von-Sternberg-Film »Der blaue Engel« umfangreich präsentiert. In der Begleitpublikation aus der Reihe »Buddenbrookhaus-Kataloge« sind vor allem die Bezüge des Romans zu Lübeck detailliert herausgearbeitet sowie Buch und Film ausführlich dargestellt worden.[1]

Über zehn Jahre später widmet sich das Buddenbrookhaus in einer großen Sonderausstellung nun dem »Untertan« – sowohl dem Film als auch dem gleichnamigen Buch. Damit wird ein wesentliches Element der Rezeptionsgeschichte Heinrich Manns in der Bundesrepublik erstmals umfassend in den Blick genommen. Ich freue mich, dass es uns mit dieser Ausstellung zudem gelingt, eine bedeutsame Kontinuitätslinie der Arbeit im Buddenbrookhaus wieder aufzunehmen und fortzuführen.

## Grußwort

Mein Dank dafür geht zuallererst an Michael Grisko, der die Ausstellung konzipiert und den begleitenden Katalog verantwortet hat. Ohne ihn, ohne sein profundes Wissen im Bereich der Heinrich-Mann-Verfilmungen, hätten wir diese Ausstellung nicht verwirklichen können.

Buddenbrookhaus, Mengstraße 4, Lübeck.

Ebenfalls danke ich dem Studio Andreas Heller in Hamburg, das auch diese Ausstellung – wie schon die damalige Schau zum Film »Der blaue Engel« – gestalterisch umgesetzt hat, sowie allen Leihgebern, deren Exponate die Ausstellung bereichern.

Und schließlich sei den Förderern der LÜBECKER MUSEEN, insbesondere denen des Buddenbrookhauses gedankt. Ein solches Projekt ist ohne die Beteiligung einer Vielzahl von Unterstützern heute nicht mehr denkbar, und wir sind daher sehr froh, dass viele die Wichtigkeit der Ausstellung erkannt und das Projekt großzügig gefördert haben.

An erster Stelle sei hier der Beauftragte der Bundesregierung für Kultur und Medien in Berlin, Staatsminister Neumann, genannt, der einen wesentlichen Betrag zur Verfügung gestellt hat. Auch die DEFA-Stiftung aus Berlin hat sich beteiligt. Aus Lübeck kam Unterstützung von der Possehl-Stiftung, der von Keller-Stiftung und der Reinhold-Jarchow-Stiftung. Wie immer hat auch der Förderverein Buddenbrookhaus zur Realisierung des Projektes beigetragen, ebenso wie die Heinrich-Mann-Gesellschaft, die ihren Sitz im Lübecker Buddenbrookhaus hat. Abschließend sei unserem Kulturpartner NDR Kultur gedankt, der sich am Rahmenprogramm der Ausstellung beteiligt.

Den Gästen des Buddenbrookhauses vom 12. August bis zum 4. November wünsche ich beim Besuch der Ausstellung ein Erlebnis, das die beiden Elemente zusammenfügt, die unsere Arbeit in den vergangenen 15 Jahren immer geprägt haben und auch in Zukunft prägen sollen: Belehrung und Vergnügen, Lernen und Spaß, Wissen und Unterhaltung.

Lübeck, im Juni 2007
Prof. Dr. Hans Wißkirchen
Direktor der Kulturstiftung
Hansestadt Lübeck

---

[1] Mein Kopf und die Beine von Marlene Dietrich. Heinrich Manns Professor Unrat und Der blaue Engel. Hrsg. von Hans Wißkirchen. Lübeck 1996.

# Grußwort

Kaiser Wilhelm II., Friedrich Wilhelm Viktor Albert von Preußen, (* 27. Januar 1859 in Berlin, Preußen; † 4. Juni 1941 in Doorn, Niederlande), Sohn Kaiser Friedrichs III., entstammte der Dynastie der Hohenzollern und war von 1888 bis 1918 Deutscher Kaiser und König von Preußen. Mit ihm setzte sich Heinrich Mann in seinem Roman »Der Untertan« auseinander und schrieb die »Geschichte der öffentlichen Seele unter Wilhelm II.« Das Bild ist dem Band von Paul Liman: Der Kaiser. Ein Charakterbild Wilhelms II. 3. Aufl. Berlin 1905 (1904) entnommen. Der Rechtsanwalt Maximiliam Brantl hatte das Buch Heinrich Mann im Frühjahr 1904 zur vorbereitenden Lektüre empfohlen.

> Essay

# Essay

Das Titelblatt des Romans »Der Untertan« aus dem Jahr 1918.

In den 1950er Jahren warb der Aufbau-Verlag mit der hohen Popularität des Films.

Das Drehbuch zum Film.

Auch die Einbandgestalter nutzten den Erfolg des Films für ihre Zwecke.

Essay

## > Der Untertan – revisited. Vom Kaiserreich zum geteilten Deutschland

Michael Grisko

»Diederich Heßling war ein weiches Kind, das am liebsten träumte, sich vor allem fürchtete und viel an den Ohren litt.« Der Anfang von Heinrich Manns 1918 erschienenem Roman »Der Untertan« ist ein Klassiker. Schon zwischen den Zeilen wird die spätere Ambivalenz des Charakters, das Schwanken zwischen gesellschaftlicher Härte und individueller Verletzlichkeit, zwischen machtbewusster Autorität und strategischer Kriecherei deutlich.

Auch Wolfgang Staudtes gleichnamiger DEFA-Film aus dem Jahr 1951 beginnt mit Heinrich Manns Worten aus dem Roman. Kinofilm und Buch haben heute – und das war nicht immer so – ihren unbestrittenen Platz im kollektiven Gedächtnis. Ist der Roman explizit eine Mentalitätsgeschichte des Kaiserreichs, eine »Geschichte der öffentlichen Seele unter Wilhelm II.«, wie es Heinrich Mann noch auf der ersten Seite seines Manuskripts schrieb, gingen die Intentionen des Films weiter. Wolfgang Staudte interessierte sich nach dem Ende des 2. Weltkriegs zwar auch für den kaisertreuen Diederich Heßling, aber vielmehr noch für den psychologischen Ursprung des Faschismus. Noch radikaler als Heinrich Mann ging es ihm um die Analyse der Mechanismen von Macht und Unterwerfung, von gesellschaftlichen und individuellen Hierarchien und deren ästhetische Übersetzungen in den Film.

Schon jetzt ließe sich eine kleine ›Kulturgeschichte des deutschen Untertans‹ schreiben, aber die Produktions- und Rezeptionsgeschichte von Buch und Film eröffnet weitere gesellschaftliche und politische Dimensionen. Denn nicht nur, dass der Vorabdruck von Heinrich Manns Roman am Vorabend des 1. Weltkriegs aus opportunen Gründen gestoppt wurde und der Roman 1933 namentlich genannt dem Feuer der Nationalsozialisten auf

Heinrich Mann als Kind (um 1876).

Postkarte von Ines Schmied an Heinrich Mann (1906).

## Heinrich Mann (1871-1950)

Geboren wurde Heinrich Mann im Jahr der deutschen Reichsgründung 1871 als erstes Kind von Thomas Johann Heinrich Mann und seiner Frau Julia in Lübeck. Sein Bruder Thomas wurde vier Jahre später geboren. Heinrich Mann erlebte das deutsche Kaiserreich, den 1. Weltkrieg, die Weimarer Republik, den 2. Weltkrieg – Letzteren zunächst im französischen, dann im amerikanischen Exil. Die doppelte Staatsgründung der BRD und DDR verfolgte der Lübecker Kaufmannssohn in Amerika. Ob er das Angebot der DDR, als Präsident der Akademie der Künste nach Deutschland zurückzukehren, annehmen wollte, ist heute nicht mehr zu klären; er starb einige Tage vor der Überfahrt am 27. März 1950 in Santa Monica, USA. Am 12. März 1961 wurde seine Urne in einem Staatsakt in die DDR überführt und auf dem Dorotheenstädtischen Friedhof in Berlin/Ost beigesetzt.

Beruflich versuchte Heinrich Mann zunächst mit einer Buchhandelslehre in Dresden (1889) und als Volontär beim renommierten S. Fischer Verlag in Berlin (1890) Fuß zu fassen – die Versuche scheiterten jedoch. Seit den 1890er Jahren und dem Tod des Vaters (1891) konzentrierte er sich ganz auf seine Karriere als Schriftsteller. Reisen führten ihn nach Italien und im Jahr 1894 kam sein erster, ganz dem psychologischen Ästhetizismus der Zeit verhaftete und wenig erfolgreiche Roman »In einer Familie« auf den Markt. Zwischen 1894 und 1896 arbeitete Heinrich Mann als Redakteur bei der konservativen Monatszeitschrift »Das zwanzigste Jahrhundert, Blätter für deutsche Art und Wohlfahrt«. Bis zu der Berliner Satire auf die zunehmende Kommerzialisierung der Gesellschaft und die gewandelte Bedeutung der Kunst und Presse, »Im Schlaraffenland. Ein Roman unter feinen Leuten« (1900), publizierte er zahlreiche Novellen und führte ein rastloses Leben zwischen Italien, München und Berlin.

Im Jahr 1903 folgte die Trilogie »Die Göttinen oder Die drei Romane der Herzogin von Assy« und ein Jahr später der Roman »Die Jagd nach Liebe«. Die Schulsatire »Professor Unrat oder das Ende eines Tyrannen«, die gleichzeitig eine erste Analyse der Gesellschaft des deutschen Kaiserreichs war, 25 Jahre später als »Der blaue Engel« verfilmt wurde und weltweiten Erfolg hatte, erschien 1905. Der Roman »Zwischen den Rassen«, der als moderner Emanzipations- und Künstlerroman biografische Elemente seiner Mutter Julia (1851-1923) und seiner Schwester Carla (1881-1910) verarbeitete, erschien 1907. Zu diesem Zeitpunkt arbeitete Heinrich Mann, neben den nun entstehenden Schauspielen und dem 1909 publi-

Luiz Heinrich Mann (* 27. März 1871 in Lübeck; † 12. März 1950 in Santa Monica) und sein Bruder Paul Thomas Mann (* 6. Juni 1875 in Lübeck; † 12. August 1955 in Zürich).

Eigentlich waren es fünf. Auf dem Bild v.l.n.r. Julia (1877-1927), Thomas, Carla (1881-1910) und Heinrich. Es fehlt der jüngste Bruder Viktor (1890-1949).

zierten Roman »Die kleine Stadt«, bereits an seinem Roman »Der Untertan«. 1914 heiratete er Maria Kanová (Mimi).

Im gleichen Jahr begann der Vorabdruck, der jedoch zu Kriegsbeginn eingestellt werden musste. Zwei Jahre später wurde Heinrich Manns Tochter Leonie geboren. Er blieb auch während des Kriegs produktiv: 1915 erschien der Zola-Essay, 1917 bereits der zweite Teil der Kaiserreichtrilogie »Die Armen«, das Drama »Brabach« und einige Novellen. Längst hatte sich Heinrich Mann dem »sozialen Roman« zugewandt, der ästhetischen Analyse der Gegenwart. »Der Untertan« erschien 1918, und Heinrich Mann avancierte in der Weimarer Republik schnell zu ihrem »Geistigen Repräsentanten«. In zahlreichen Essays, Schauspielen und Romanen, darunter »Der Kopf« (1925) als letzter Teil der Kaiserreichtrilogie, aber auch grotesken Erzählungen, wie etwa »Kobes« von 1925, kritisierte er scharf den geistigen Zustand einer nur nach ökonomischen Sachzwängen ausgerichteten Gesellschaft, die sich zudem niemals als demokratische, vom Kaiserreich emanzipierte Republik konstituiert habe.

In den Romanen der Weimarer Republik verwendete Heinrich Mann ästhetische Versatzstücke aktueller Genreliteratur (z.B. von Detektivromanen) und gestattete sich eine inhaltliche Nähe zur Populärkultur (u.a. dem Kino) als Bestandteil seines literarischen Programms. Es erscheinen 1928 »Eugénie oder Die Bürgerzeit«, »Die große Sache« (1930) und »Ein ernstes Leben« (1932).

Der zwischenzeitlich von seiner ersten Frau Maria Kanová getrennte und zum Präsidenten der Sektion für Dichtkunst der Preußischen Akademie der Künste in Berlin gewählte Schriftsteller wurde nach der Machtübernahme der Nationalsozialisten aus der Akademie der Künste ausgeschlossen und musste am 21. Februar 1933 nach Frankreich fliehen. Hier schrieb er den 1935 publizierten Roman »Die Jugend des Königs Henri Quatre« und kämpfte gegen die nationalsozialistische Herrschaft in Deutschland und Europa. 1938 erschien die Fortsetzung »Die Vollendung des Königs Henri Quatre«.

Am 9. September 1939 heiratete Heinrich Mann Nelly Kröger – nur ein Jahr vor der gemeinsamen Flucht über Spanien und Portugal in die USA. Hier entstanden – abseits des amerikanischen Buchmarktes – die Romane »Lidice« (1943), »Der Atem« (1949) und »Empfang bei der Welt« (1950) sowie die Erinnerungen »Ein Zeitalter wird besichtigt« (1946). Nach dem Freitod seiner Frau Nelly im Jahr 1944 zog er sich mehr und mehr zurück. 1947 wurde er zum Ehrendoktor der Humboldt-Universität Berlin ernannt und erhielt in Abwesenheit den Nationalpreis 1. Klasse für Kunst und Literatur der Deutschen Demokratischen Republik. Am 12. März 1950 starb Heinrich Mann in Santa Monica.

Heinrich Mann floh 1933 vor den Nationalsozialisten zunächst nach Frankreich und dann nach Amerika. In Frankreich, seiner »zweiten Heimat«, kämpfte er mit Artikeln und Reden gegen das Naziregime. Hier heiratete er seine zweite Frau Nelly Kröger.

In einem Staatsakt wurde die Urne Heinrich Manns 1961 anlässlich seines 90. Geburtstags über die Tschechoslowakei, deren Staatsangehörigkeit er 1938 angenommen hatte, in die DDR überführt und in einem Ehrengrab auf dem Friedhof Dorotheenstadt, Berlin/Ost beigesetzt.

## Essay

»Zwei Schritte von ihm ritt der Kaiser hindurch. Diederich konnte ihm ins Gesicht sehen, in den steinernen Ernst und das Blitzen; aber ihm verschwamm es vor den Augen, so sehr schrie er. Ein Rausch, höher und herrlicher als der, den das Bier vermittelt, hob ihn auf die Fußspitzen, trug ihn durch die Luft. Er schwenkte den Hut hoch über allen Köpfen, in einer Sphäre der begeisterten Raserei, durch einen Himmel, wo unsere äußersten Gefühle kreisen.«
(Heinrich Mann: Der Untertan, S. 63f.)[1]

»Der Kaiser, vom Pferd herunter, blitzte ihn an, er durchbohrte ihn. Diederich riss den Hut ab, sein Mund stand weit offen, aber der Schrei kam nicht. Da er zu plötzlich anhielt, glitt er aus und setzte sich mit Wucht in einen Tümpel (...). Der Mensch war ein Monarchist, ein treuer Untertan! Der Kaiser wandte sich nach seinen Begleitern um, schlug sich auf den Schenkel und lachte. Diederich aus seinem Tümpel sah ihm nach, den Mund noch offen.«
(Heinrich Mann: Der Untertan, S. 64.)

dem Berliner Bebelplatz übergeben wurde, auch Wolfgang Staudtes Film musste im rauen Wind des Kalten Kriegs mit der westdeutschen Zensur kämpfen. War der Film von 1951 bis 1957 in Westdeutschland verboten, wurde er schließlich nur auf publizistischen Druck und in einer zensierten Fassung freigegeben.
Ob »Der Untertan« lediglich als historisches Phänomen zu sehen ist, muss in jeder Generation neu gefragt werden. Der Untertan – revisited.

### Auf dem Weg zum Roman

Die Jahrhundertwende war das Laboratorium der ästhetischen Moderne. Heinrich Mann bewegte sich als Einzelgänger im Zentrum dieser Erneuerungsbewegungen. Die Thematik seines Romans »Der Untertan« bereitete er schon in früheren Werken vor. Bereits in seinem Roman »Im Schlaraffenland. Roman unter feinen Leuten« (1900) hatte sich Heinrich Mann satirisch der Gesellschaft des Kaiserreichs zugewandt. Er folgte der Erkenntnis: »Diese deutsche Gesellschaft kennt sich selbst nicht. Sie zerfällt in Schichten, die einander unbekannt sind, und die führende Klasse verschwimmt hinter Wolken.«[2] Sein künstlerisches Credo mündete in der Konzeption des »sozialen Romans«. Im »Untertan« erzählt Heinrich Mann in sechs Kapiteln und einer dichten Szenenfolge die Satire auf den wilhelminischen Spießer, jenes Urbild des autoritären Kriechers, der nach oben buckelt und nach unten tritt.

Heinrich Mann hatte umfassende Vorstudien betrieben. Die Notizbücher und Korrespondenzen zeugen von Besuchen in Papierfabriken, Erkundigungen über Majestätsbeleidigungsprozesse und die Kenntnisnahme der zeitgenössischen Literatur über Wilhelm II. »Ich hatte, wo immer ich saß und fremde Zeitungen las, das Problem des deutschen Kaiserreichs in mir«, schrieb er 1922. Das schlug sich als wichtiges, ästhetisches und inhaltliches Phänomen auch im Roman selbst nieder. Neben den häufigen Verweisen auf die Realhistorie ist dies besonders bei der satirisch gebrochenen Verarbeitung der zahlreichen Kaiserzitate zu sehen, die der Autor seinem Protagonisten in den Mund legte.[3] Aber auch die zeitgenössische Kaiserverehrung, die fast bis zum Götzendienst ging, fand ihren Niederschlag. Die Satire umfasste bei Heinrich Mann aber mehr. Es ist darauf hingewiesen worden, dass neben den sprechenden Namen die »Szenenmontage mit ihrer Wiederholungs- bzw. Variationsstruktur«[4], die auch Wolfgang Staudte aufgriff und radikalisierte, konstitutives Element des Romans ist. Auch mit Blick auf die Gattung ist zu Recht betont worden, dass es sich um eine »Travestie des bürgerlichen Bildungsromans«[5] handelt. Diederich Heßling ist eben kein Individuum, sondern ein Typ. Er durchläuft keinen emanzipativen Prozess, sondern eine gelungene Anpassung.
Teil dieses »Entfremdungspro-

zesses«[6] ist die Adaption sämtlicher Verhaltensmuster des Kaisers (von der Sprache bis zur Kleidung) und deren Inszenierungsformen. Zahlreiche Postkarten, Fotografien in Kaiserpanoramen und nicht zuletzt der strategische Einsatz des neuen Mediums Kino machten Wilhelm II. zum ersten Politiker, der die durch Massenmedien hergestellte Öffentlichkeit konsequent in den Dienst seiner Arbeit stellte.[7] Dazu zählen auch die im »Berliner Lokalanzeiger« veröffentlichten Kaiseranekdoten, die ein populäres und volksnahes Bild herstellen sollten. Auch die im Kaiserreich ausgeprägte ›Uniform- und Ordenswut‹, die Autorität nach außen herstellte, war ein wichtiges Verbindungsglied zwischen Obrigkeit und Öffentlichkeit. Nach innen reichte diese Inszenierung bis in die Wohnungseinrichtung, die dem prunksüchtigen Historismus der Zeit folgte. Eine weitere Verbindung zwischen öffentlichem und privatem Raum, zwischen autoritätsgläubiger Verehrung und der Inszenierung der Macht findet sich in der ›Denkmalomanie‹ der Kaiserzeit: kein Ort, kein Platz, keine Stadt, die sich nicht ein Denkmal bauen wollte.

Neben der Uniform, dem schneidigen Auftreten und dem blitzenden Gesichtsausdruck war der richtige Bart ein Markenzeichen ›echt kaisertreuer Gesinnung‹. Auch Diederich Heßling, der sich einen Bart à la Wilhelm II. frisiert, bekennt sich so zu seinem Monarchen, um dessen Bart sich nicht nur eine ganze Industrie, sondern eine ebenso unterhaltsame wie umfangreiche satirische Abbildungskultur etablierte.

Als eine übergreifende Metapher dieser Zeit, die sich auch in Heinrich Manns Roman – vor allem in der Verhandlung vor Gericht – wiederfindet, diente die des Schauspielers. »Und da es in Wirklichkeit und im Gesetz weder den Herrn noch den Untertan gibt, erhält das öffentliche Leben einen Anstrich schlechten Komödiantentums.«[8] Eindringlich beschreibt Heinrich Mann auch die gesellschaftlichen Institutionen, die Diederich Heßling durchlaufen muss: Elternhaus, Schule, Militär, Burschenschaft, Universität.

Berlin spielt im ersten Teil des Romans eine wichtige Rolle. Dort finden sich zahlreiche Reminiszenzen an die Reichshauptstadt und deren Entwicklung. Könnte man hier das Buch auch als Berlinroman lesen, so wird Netzig schließlich zum Mikrokosmos des Kaiserreichs, wird hier doch die deutsche Gesellschaft und deren öffentliche Seele gespiegelt: der offene Antisemitismus, die Parteienlandschaft, das weite Spektrum des Bürgertums, die Männerbünde, die verschiedenen Vereine und Gruppierungen, der wirtschaftliche Aufschwung, die Bedeutung der Familie, die schleichende Aushöhlung zentraler Begriffe wie Freiheit, Humanität und Liberalität und schließlich, im privaten und öffentlichen Bereich, die neue Rolle der Frau und der Umgang mit der Sexualität.

Auch eine Lehrstunde über Ge-

Damals in Mode: Denkmäler für die eigene Wohnung.

Der Bart – »Made in Germany«!

## Essay

Kaiser Wilhelm II.

# Kaiser Wilhelm II. – Anekdoten, Sprüche und Reden

### Reden und Sprüche

»Sollten aber Ausschreitungen gegen die öffentliche Ordnung und Ruhe vorkommen, sollte sich der Zusammenhang der Bewegung mit socialdemokatischen Kreisen herausstellen, so würde Ich nicht imstande sein, eure Wünsche mit Meinem königlichen Wohlwollen zu erwägen. Denn für Mich ist jeder Socialdemokrat gleichbedeutend mit Reichs- und Vaterlandsfeind. Merke Ich daher, daß sich socialdemokratische Tendenzen in die Bewegung mischen und zu ungesetzlichem Widerstande anreizen, so würde Ich mit unnachsichtlicher Strenge einschreiten und die volle Gewalt, die Mir zusteht – und die ist eine große – zur Anwendung bringen.« (S. 13)[1]

»Auf zum Kampfe für Religion, für Sitte und Ordnung, gegen die Parteien des Umsturzes! Vorwärts mit Gott, und ehrlos, wer seinen König im Stiche lässt.« (S. 54)

»Was ist Disziplin? Weiter nichts als unbedingte Unterordnung des eigenen Willens unter einen höheren. Wenn auch jeder die Absicht hat, Gutes zu tun, so muß er doch seine Ansicht unterordnen dem Wohle des Ganzen. Nur durch Zusammenhalten kann man etwas Ganzes und etwas Großes leisten und eine feste Masse schaffen.« (S. 61)

»Das Theater ist auch eine Meiner Waffen.« (S. 64)

»Die Sozialdemokratie betrachte Ich als eine vorübergehende Erscheinung; sie wird sich austoben. Doch in die hohe, große Festesfreude schlägt ein Ton hinein, der wahrlich nicht dazu gehört; eine Rotte von Menschen, nicht wert, den Namen Deutscher zu tragen, wagt es, das deutsche Volk zu schmähen, wagt es, die uns geheiligte Person des allverehrten verewigten Kaisers in den Staub zu ziehen. Möge das gesamte Volk in sich die Kraft finden, diese unerhörten Angriffe zurückzuweisen! Geschieht es nicht, nun, dann rufe Ich Sie, um der hochverräterischen Schar zu wehren, um einen Kampf zu führen, der uns befreit von solchen Elementen.« (S. 80-81)

»Denn hat der Deutsche erst einmal gelernt, den Blick auf das Weite und Große zu richten, so verschwindet das Kleinliche, das ihn im täglichen Leben hin und wieder umfängt.« (S. 105)

### Der Krüppel

»Unser Kaiser sah im Jahre 1896, als er sich auf dem Wege zur Paradeaufstellung befand, unter den Kindern, die ihm zujubelten, auch einen Knaben, der etwa 10 Jahre alt war und zwei Stelzfüße hatte. Mit Krücken konnte er sich nur mühsam fortbewegen und daher bloß von ferne dem kaiserlichen Gefolge zuschauen. Als der Kaiser den Knaben bemerkte, schickte er sofort seinen Flügeladjutanten hin, damit er sich näher erkundige. Auf des Kaisers Kosten wurden bald darauf für den Knaben künstliche Beine angefertigt, ebenso unterstützte er die Eltern des Kindes, arme brave Arbeiterleute.« (125)

## Essay

**Rede über die Reform höherer Schule**

»Wer selber auf dem Gymnasium gewesen ist und hinter die Coulissen gesehen hat, der weiß, wo es da fehlt. Und da fehlt es vor allem an der nationalen Basis. Wir müssen als Grundlage für das Gymnasium das Deutsche nehmen; wir sollen nationale junge Deutsche erziehen, und nicht junge Griechen und Römer. Wir müssen von der Basis abgehen, die jahrhundertelang bestanden hat, von der alten klösterlichen Erziehung des Mittelalters, wo das Lateinische maßgebend war und ein bißchen Griechisch dazu. Das ist nicht mehr maßgebend, wir müssen das Deutsche zur Basis machen. Der deutsche Aufsatz muß der Mittelpunkt sein, um den sich alles dreht. Wenn einer im Abiturientenexamen einen tadellosen deutschen Aufsatz liefert, so kann man daraus das Maß der Geistesbildung des jungen Mannes erkennen und beurteilen, ob er was taugt oder nicht. (…)

Ebenso möchte Ich das Nationale bei uns weiter gefördert sehen in Fragen der Geschichte, Geographie und der Sage. Fangen wir erst einmal bei uns zu Hause an. Erst wenn wir in den verschiedenen Kammern und Stuben Bescheid wissen, dann können wir ins Museum gehen und uns auch dort umsehen. Aber vor allen Dingen müssen wir in der vaterländischen Geschichte Bescheid wissen. Der Große Kurfürst war zu Meiner Schulzeit nur eine nebelhafte Erscheinung; der Siebenjährige Krieg lag bereits außerhalb aller Betrachtung, und die Geschichte schloß mit dem Ende des vorigen Jahrhunderts, mit der französischen Revolution. Die Freiheitskriege, die das Wichtigste sind für den jungen Staatsbürger, wurden nicht durchgenommen, und nur durch ergänzende, sehr interessante Vorträge des Herrn Geheimen Rats Hinzpeter bin Ich, Gott sei Dank, in der Lage gewesen, diese Dinge zu erfahren. Das ist aber gerade das punctum saliens. Warum werden denn unsere jungen Leute verführt? Warum tauchen so viele unklare, konfuse Weltverbesserer auf? Warum wird immer an unserer Regierung herumgenörgelt und auf das Ausland verwiesen? Weil die jungen Leute nicht wissen, wie unsere Zustände sich entwickelt haben, und daß die Wurzeln in dem Zeitalter der französischen Revolution liegen.«

**Das Andenken**

»Eine köstliche Szene spielte sich einst bei einem Frühstück in dem Offizierskasino des Kaiser Alexander-Garde-Grenadier-Regiments ab. Nach Tisch hatte der Kaiser eine Zigarre genommen und wendete sich plötzlich an einen der nächststehenden Ordonanzen mit der Bitte um ein Messer zum Abschneiden der Zigarre. Dieser Zwischenfall kam dem Soldaten etwas unerwartet, da während der Tafel Se. Majestät von Offizieren bedient worden war. Ratlos blickte der angeredete umher, nirgends war ein Messer in der Nähe zu entdecken, zumal der Serviertisch am entgegengesetzten Ende des Saales stand. Entschlossen griff er daher in seine Hosentasche, holte sein Messer heraus und reichte es dem Kaiser hin. Lächelnd bediente er sich des Messers, bedankte sich und gab es dem beglückten Grenadier mit den Worten wieder zurück: ›Nun wird es wohl ein Andenken werden.‹« (42)

---

1   Die Seitenzahlen der Reden und Aussprüche beziehen sich auf: Matthes, Axel (Hg.): Reden Kaiser Wilhelms II. Mit einem Nachwort von Helmut Arntzen. München 1976; die Anekdoten finden sich in: Romanowski, Max: Kaiser Wilhelm II. Ein Lebensbild unseres Kaisers. Breslau (ca. 1910).

# Essay

> »Denn Diederich war so beschaffen, dass die Zugehörigkeit zu einem unpersönlichen Ganzen, zu diesem unerbittlichen, menschenverachtenden, maschinellen Organismus, der das Gymnasium war, ihn beglückte, daß die Macht, die kalte Macht, an der er selbst, wenn auch nur leidend, teilhatte, sein Stolz war. Am Geburtstag des Ordinarius bekränzte man Katheder und Tafel. Diederich umwand sogar den Rohrstock.«
> (Heinrich Mann: Der Untertan, S. 13f.)

> »Man breitete sich, vom Biertisch her, in die Welt aus, ahnte große Zusammenhänge, ward eins mit dem Weltgeist. Ja, das Bier erhob einen so sehr über das Selbst, daß man Gott fand!«
> (Heinrich Mann: Der Untertan, S. 34f.)

fühle im Zeitalter des Kapitalismus, die etwa im Schubert'schen Volkslied, auch in den Liedern der Burschenschaften und der von Diederich bei Agnes ausgelebten Sentimentaliät[9] ihren Niederschlag finden, präsentiert Heinrich Mann fast en passant. Denn was Diederich »auf dem Herzen hatte, beschloß er statt in Worte – denn so hohe Worte waren unmännlich und unbequem – lieber in Musik auszuströmen. Er mietete ein Klavier und versuchte sich, plötzlich mit viel mehr Glück als in der Klavierstunde, an Schubert und Beethoven.«[10]

## »Bibel des wilhelminischen Zeitalters«

Die zeitgenössische Rezeption des Romans ist außerordentlich gut dokumentiert.[11] Am bekanntesten ist die Äußerung Kurt Tucholskys, der den »Untertan« als »Bibel des wilhelminischen Zeitalters« bezeichnete. Ähnlich wie bei der späteren Bewertung des Films bestimmte die Frage des eigenen politischen Standpunkts das Qualitätsurteil. Es waren vor allem konservative Kreise und ehemalige Monarchisten, die den Roman ablehnten.

Zu den Ersten, die den Roman begrüßten, gehörte Ludwig Rubiner. Dieser schrieb zur Zeit des Vorabdrucks 1914: »Wir müssen Heinrich Mann danken. Dafür, daß er sich nicht mehr um Kunst kümmert, sondern um Großes, Übergeordnetes: Geistiges. Um Politisches.

Wir müssen Heinrich Mann für den ›Untertan‹ danken. Solange bis er einen ›Roman‹ schreibt, der selbst Aufrührer ist. Wonach, als Wirkung des Buches, nicht mehr gewählt, sondern getan wird. ›Kunst‹ kann nie diese Wirkung haben, nur der Geist.«[12]

Deutlich wird bei Benno Rüttauer die schwierige Unterscheidung zwischen Realismus und Satire: »Wahr ist: Der Realismus bedeutet nicht die starke Seite in dem Talent von Heinrich Mann. Die Phantasie herrscht bei ihm über die exakte Beobachtung. Es steckt etwas von einem Romantiker in ihm. Wenn ein so gearteter Künstler Satire schreibt, wird er nicht leicht die Groteske vermeiden. Sie fehlt im ›Untertan‹ nicht. Aber die Welt der Wirklichkeit kommt deswegen nicht zu kurz, es steht daneben noch genug gesunder Realismus. Der Held des Romans, der Industrieprotz, der mit vorlautem und allzu lautem Patriotismus (oder was er und viele darunter verstehen) glänzende Geschäfte macht, ist nur in dem Grad übertrieben, wie Kunst überhaupt übertreibt, d. h. heraustreibt, unterstreicht, vergrößert, verstärkt, in sichtbare Farbe setzt, idealisiert. Man darf ihn nicht als eine Karikatur des Kaisers nehmen. Er meint den Kaiser und damit allerdings karikiert er ihn, das kommt aber auf die Rechnung des Protzen, nicht des Dichters.«[13]

Peter Hamecher, Rezensent des sozialdemokratischen »Vorwärts«, gehörte zu den vorbehaltlosen Laudatoren des Romans: »Manns Roman, ein satirisch gesehenes Gesellschaftsbild aus einer kleinen Stadt, ist ein bitterernstes

Gemälde der Korruption des Bürgertums unter der Regierung Wilhelms des Zweiten. Einem knechtseligen, im Innersten ungeistigen Geschlecht, das nur an den Erfolg, an die Pose des Erfolges glaubte, mußte dieser Mann auf Deutschlands Thron verhängnisvoll werden. Inzwischen ist die Katastrophe des Wilhelmschen Deutschland eingetreten.«[14]

Eine ablehnende Haltung vertritt Werner Mahrholz: »Aber das eben fehlt: kein menschlicher Urlaut wird wach, es folgt nur Ressentimententladung auf Ressentimententladung. Nicht aus Freiheit des Gemüts von Leiden und Affekten heraus ist der ›Untertan‹ konzipiert und gestaltet, sondern aus bitterem Haß und ohnmächtiger Wut. So wird man des Buches nicht froh, so sucht man immer von neuem den Standpunkt, von dem aus dieser kleine Mikrokosmos aus Schlamm und Dreck gestaltet ist – und findet keinen Standpunkt, sondern nur eine ärgerliche und gehässige Beziehung des Autors zur Welt. So fehlt denn dem Buch jedes Pathos, und damit fällt es aus der Sphäre der Satire in die Untersphäre des Pamphlets – und als solches ist es zu lang, um auf die Dauer nicht zu langweilen, zu verstimmen und zum Widerspruch zu reizen.«[15]

Die von der Geschichte abermals eingeholte Aktualität sollte Heinrich Mann selbst erkennen: »Natürlich ist der Untertan Wilhelms des Zweiten nur ein schwaches Vorbild, eine frühe Form des nationalsozialistischen Untertanen von heute. An sich hat der nationalsozialistische Spießer latent bereits seit hundert Jahren in manchem Deutschen gesteckt.«[16]

Auch Heinrich Mann wurde durch die erzwungene Flucht in das französische und später das amerikanische Exil ein Opfer dieses nationalsozialistischen Spießers.

## Von Santa Monica nach Berlin – Aufbruch in die neue Welt?

Das Ende des 2. Weltkriegs bedeutete abermalig eine Zäsur für Heinrich Mann. Nun öffneten sich die ihm lange verschlossenen Buchmärkte in Deutschland. Vor allem der 1945 gegründete Aufbau-Verlag bot schnell eine Plattform für Heinrich Manns Romane. Im Herbst 1945 erschien als eines der ersten Bücher »Der Untertan«. Wenn auch einige Kritiker dem Roman eine »scheinwerfergrelle Überzeichnung«[17] vorwarfen, konnte man doch sehr viel Zustimmung aus dem Feuilleton herauslesen – und das zu diesem Zeitpunkt auch noch aus den westlichen Teilen Deutschlands. Und vielfach wurde die Frage erneuert: »Lebt nicht immer noch ein Stück vom Untertan in uns?«[18]

Im April 1947 war »Der Untertan« bereits 30.000 Mal verkauft, und die nächste Auflage (20.000) befand sich in der Druckerei. In der Editionsfolge standen die beiden »Henri Quatre-Romane«, »Die kleine Stadt« und »Professor Unrat« ganz oben. Heinrich Mann hatte wieder (s)ein Publikum.

Neben den Verlagen interessierte

»Kunst und Leben
Offener Brief an den Verfasser des ›Untertan‹, Herrn Heinrich Mann
Euer Wohlgeboren!
(...) Wir, die wir für Ideale gekämpft haben und die nach 4 ½ jährigem Kampfe schmählich verraten die Waffen strecken mußten, fordern von Ihnen nicht, daß Sie heute unsere Anschauungen teilen sollen, aber wir fordern, daß Sie mit den getäuschten Hoffnungen, mit den blutenden Herzen der Männer des Deutschlands Kaiser Wilhelms II. nicht Schindluder treiben. Wenn Sie nicht mit uns fühlen können, dann schweigen Sie wenigstens, und wenn Sie den Hut nicht vor dem Leichnam ziehen wollen, dann benehmen Sie sich wenigstens so wie ein gut dressierter Lakai und ziehen ihn, weil andere Leute ziehen; vermeiden Sie es aber, die Tragödie durch Harlekinsprünge zu stören; wenn Sie keine anderen Gründe haben, wenigstens deshalb, weil das dem guten Geschmack zuwiderläuft und es lächerlich wirkt, wenn das Paradepferd hinter dem Sarge Aepfel fallen läßt. (...) Ich bin mit dem Ausdruck gebührender Achtung Dero zu weiterer Belehrung gern bereiter Stud. phil. Hermann Nagel Halle, den 26. März 1919.«

Essay

## »Der Untertan« – Ein Roman entsteht

Heinrich Mann 1906.

In seinen Notizbüchern skizzierte Heinrich Mann ab 1906 Charaktere und Handlungen, aber auch Aussprüche und Überlegungen des »Untertans«.

Die erste Seite des Manuskripts zeigt den noch geplanten Untertitel des Romans.

1904  Heinrich Mann erwähnt erstmals den Plan, einen Kaiserroman zu schreiben: »Ich danke Dir für die Angabe von Limans Buch, das ich lesen will. (…) Vergiß auch nicht meine Bitte vom vorigen Jahr und teile mir Anekdoten über W[ilhelm] II. mit, besonders solche, die die Zeitung nicht bringen und die Du privat erfährst!« Brief an Ludwig Ewers vom 10. April 1904.

1906  Heinrich Mann schreibt am 31. Oktober an Ludwig Ewers: »(…) ich möchte Helden hinstellen, wirkliche Helden, also generöse, helle und menschenliebende Menschen als Gegenstück zu dem menschenfeindlichen, der Reaktion ergebenen Menschen von heute.«

1906/ Heinrich Manns Notizbuch enthält einen ca. zehnseitigen
1907  Gesamtplan des Romans in acht Kapitelskizzen sowie stichwortartige Notizen, Entwürfe und einzelne ausgeführte Passagen.

1907  »In München habe ich eine große Papierfabrik und auch die Bruckmannsche Kunstanstalt eingehend besichtigt: alles für meinen neuen Romanhelden. Er ist ziemlich gut fundiert, und heute habe ich die ersten Sätze niedergeschrieben. Wieder für eine lange Zeit eine große Last auf dem Buckel!« Brief an Ludwig Ewers vom 12. Juni 1907.

1908  Die Novelle »Gretchen« erscheint in der Zeitschrift »Hyperion« im Jahr 1911. Als Vorabdruck erscheint der Romananfang unter dem Titel »Lebensfrühling«. In: Simplicissimus. München. Jg. 16, Nr. 35 vom 27. November 1911, S. 600-601, 607; im gleichen Jahr auch die erste Begegnung zwischen Diederich und Agnes unter dem Titel »Jugendliebe«. In: Licht und Schatten. Berlin und München. Jg. 2 (1911/12), Nr. 20 [Anfang 1912; Heft nicht datiert], S. 2-7; »Die Neuteutonen«. In: Simplicissimus. München. Jg. 17, Nr. 4 vom 22. April 1912, S. 55-57, 63, »Die Macht«. In: Simplicissimus. München. Jg. 17. Nr. 14 vom 1. Juli 1912, S. 216f. und »Der Krawall« Februar 1892. In: Simplicissimus. München. Jg. 17, Nr. 24 vom 9.September 1912, S-375-377.

1912  »Man wird ganz und gar zum Bosniggl, denn der Unterthan erzieht dazu. Ich bin noch immer beim Prozess, denn es ist gar nicht leicht, so viele Ekelhaftigkeiten in einer Scene unterzubringen.« Brief an Maximilian Brantl vom 27. Dezember 1912.

1913  »Mit dem Roman steht es nicht schlecht, nur daß starke nervöse Widerstände dazwischen kommen. Aber ich stehe in der Mitte (etwas darüber hinaus schon) und übersehe das Ganze, mit leidlicher Genugthuung.« Brief an Maximilian Brantl vom 14. Januar 1913.

»Der Lohengrin in Augsburg war trist u. komisch, was für mich aber nicht weniger am Stück als an der Aufführung liegt. Ich habe Beobachtungen im Sinne Diederichs u. Gustes gemacht, habe alles notirt u. mache vielleicht einige hübsche Seiten daraus.« Karte an Maria Kanová (Mimi Mann) vom 15. Oktober 1913.

1914 »Der Untertan« erscheint in Fortsetzungen ab dem 1. Januar 1914 in der Zeitschrift »Zeit im Bild. Moderne illustrierte Wochenschrift«, nachdem Heinrich Mann den Roman an verschiedenen Stellen, die den Kaiser betreffen, abgeändert hatte.

Im späteren Privatdruck von 1916 ist die handschriftliche Notiz von Heinrich Mann zu lesen: »Abgeschlossen Anfang Juli 1914«.

Am Tag der deutschen Mobilmachung für den 1. Weltkrieg (1. August 1914) schreibt Dr. Kühn für »Zeit im Bild« an Heinrich Mann: »Im gegenwärtigen Augenblick kann ein großes öffentliches Organ nicht in satirischer Form an deutschen Verhältnissen Kritik üben. […] So betrachtet würden einzelne Stellen des Untertans bei der jetzigen kritischen Situation leicht beim breiteren Publikum Anstoß erregen. Ganz abgesehen davon dürfen wir bei der geringsten direkten Anspielung politischer Natur, etwa auf die Person des Kaisers, die ärgsten Zensurschwierigkeiten bekommen.«

Am 13. August 1914 bringt »Zeit im Bild« die letzte Fortsetzung des Romans und lässt ihn damit ohne weiteren Kommentar vorzeitig enden.

Von Januar bis Oktober 1914 erscheint zeitgleich eine Übersetzung des Romans von Adele Polotsky-Wolin unter dem Titel »Wernopoddannyj« in der russischen Monatsschrift Sowremnnyj Mir (»Die zeitgenössische Welt«)

1915 Die russische Übersetzung des »Untertan« kommt im Petersburger Verlag Zuckermann in zwei Bänden heraus.

1916 Kurt Wolff schreibt am 8. April an Georg Heinrich Meyer: »Der Untertan: ich habe die Lektüre des Buches eben beendet und bin hingerissen. Hier ist der Anfang dessen, was ich immer suchte: der deutsche Roman der Nach-Gründer-Zeit. (Ist ›Schlaraffenland‹ dazu ein kleiner, ist dies ein ganz großer Beitrag.) Hier ist der Anfang einer Fixierung deutscher Zustände, die uns – zumindest seit Fontane – völlig fehlt. Hier ist plötzlich ein Werk, groß und einzig, das, ausgebaut,

Karte an Maria Kanová (Mimi Mann) vom 15. Oktober 1913.

Heinrich Mann an Maximilian Brantl, 1. Januar 1913: »Zu Ihrer Gesinnung kann ich Sie nur beglückwünschen. Das Pulver trocken! Wer sich Ihnen entgegenstellt, den zerschmettern Sie bitte. Mit treudeutschem Gruß. H. M.«

Essay

Erste Seite des Vorabdrucks in der Zeitung »Zeit im Bild«.

In dem 1916 erschienenen Privatdruck nahm Heinrich Mann zahlreiche Korrekturen vor, die bei der Erstauflage 1918 Berücksichtigung fanden.

für die deutsche Geschichte und Literatur sein könnte, was Balzac's Werk für das erste, Zola's für das zweite Kaiserreich waren. Und für unsere Gegenwart ist es viel mehr: dieses zwei Jahre vor dem Krieg geschriebene Buch ist – in anderem Sinne – für uns a priori was den Franzosen a posteriori ›Débacle‹ wurde. Das Deutschland der ersten Regierungsjahre Wilhelms II., gesehen als ein Zustand, der den Krieg von 1914 heraufbeschwören mußte (…).«

Der Kurt Wolff Verlag zeigt Interesse, die eigentliche Erstausgabe zu verlegen. Allerdings wird es auf die Zeit nach dem Krieg verschoben. Im Mai 1916 erscheint ein Privatdruck mit der Vorbemerkung: »Von diesem Buch, dessen Herausgabe während des Krieges nicht beabsichtigt ist, wurden auf Veranlassung von Kurt Wolff im Mai 1916 zehn Exemplare hergestellt und – nur zur persönlichen Kenntnisnahme – übersandt an: Ernst Ludwig, Großherzog von Hessen und bei Rhein/Karl Kraus/Fürstin Mechthild Lichnowsky/Oberstleutnant im Generalstab Madlung/Helene von Nostiz-Wallwitz/Jesko von Puttkamer/Peter Reinhold/Fürst Günther zu Schönburg-Waldenburg/Joachim von Winterfeldt, M. d. R./Elisabeth Wolff-Merck«. In diesem bringt Heinrich Mann noch handschriftliche Korrekturen an.

1918 Nach Aufhebung der Zensur erscheint im Dezember die eigentliche Erstausgabe im Kurt Wolff Verlag in einer Auflage von insgesamt 100.000 Exemplaren.

1921 »Der Untertan« erscheint als erster Roman Heinrich Manns in englischer Fassung unter dem Titel »The Patrioteer«, übersetzt von Ernest Boyd bei Harcourt, Brace & Co. in New York.

1925 Der Paul Zsolnay Verlag (Wien) bringt den »Untertan« als ersten Teil der Kaiserreich-Trilogie heraus.

1929 Im Sieben Stäbe Verlag, Berlin erfolgt eine Neuausgabe mit einem eigens hierfür von Heinrich Mann geschriebenen Vorwort.

1933 Bei der Bücherverbrennung der Nationalsozialisten am 10. Mai 1933 wird auch »Der Untertan« mit anderen Werken Heinrich Manns den Flammen übergeben.

1938 In der Sowjetunion erscheint »Der Untertan« in deutscher Sprache im Deutschen Staatsverlag, Engels.

1946 Der Aufbau Verlag, Berlin (Ost) verlegt die erste deutsche Nachkriegsausgabe, die in den Jahren 1949 und 1950 Illustrationen von Martin Hänisch enthält.

Essay

Was der Kaiser nicht erreichte, schaffte der 1. Weltkrieg.

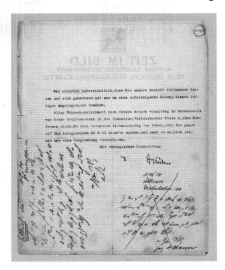

Der Vorabdruck wurde verboten und ohne Kommentar am 13. August 1914 eingestellt.

Das Titelblatt der 1915 erschienen russischen Übersetzung des »Untertans«.

Für den Roman »Die Armen« (1917) zeichnete Käthe Kollwitz das Titelblatt. »Der Kopf« als letzter Teil der Kaiserreichtrilogie erschien 1925.

## Essay

Heinrich Mann (1938).

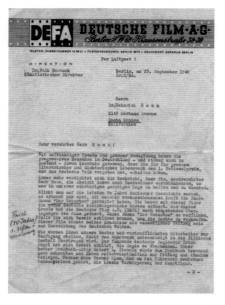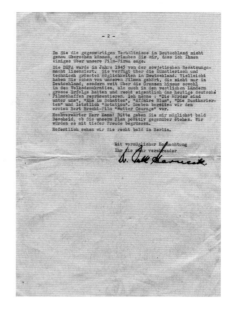

Falk Harnacks Brief an Heinrich Mann (7. Oktober 1949).

»Diese klassische Schilderung des Wilhelminischen Deutschlands ist heute aktueller denn je. Gewiß hat sich einiges verändert, aber nicht zum Besten. (...) Der Untertan – er steckt in jedem von uns. Ihn zu erkennen, sind solche Bücher notwendig. Überwinden können wir ihn nur selbst.« (Frankfurter Rundschau, 1946)

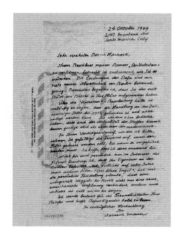

Heinrich Manns Brief vom 24. Oktober 1949.

sich auch der Rundfunk für Heinrich Mann und seinen »Untertan«. So sendete der Nordwestdeutsche Rundfunk am 23. Januar unter dem Titel »Die herrlichen Zeiten« eine Hörspielfassung des Werkes.¹⁹ Hinzu kommen Buchbesprechungen und Features;²⁰ zwischenzeitlich hatte Heinrich Mann in Abwesenheit die Ehrendoktorwürde der Humboldt-Universität zu Berlin erhalten, war im Gespräch für den Nationalpreis 1. Klasse, den er 1949 auch erhielt.

Im September des gleichen Jahres, also im direkten Umfeld der offiziellen Gründung der Deutschen Demokratischen Republik am 7. Oktober, wendet sich die DEFA mit einem Brief an Heinrich Mann²¹ und bittet um die Freigabe der Filmrechte für den 1918 erschienenen »Untertan«. Der Zeitpunkt des Briefes war strategisch: Bücher, Auszeichnungen und die fortgeschrittenen Verhandlungen mit Heinrich Mann bezüglich seiner Rückkehr aus den USA zur Übernahme des Amts des Präsidenten der neu gegründeten Akademie der Künste befanden sich in einem fortgeschrittenen Stadium. Gleichzeitig wurde über einen historischen Film zu Heinrich Manns Leben und Werk nachgedacht. Der geplante Spielfilm sollte demnach die Krönung einer auf allen Ebenen erfolgten Einbindung des Autors Heinrich Mann und dessen Werk in die neue kulturelle Identität der DDR sein. Heinrich Manns Werk stand für die bürgerlich-humanistische Traditionslinie der neu zu bestimmenden literarischen und historischen Identität der DDR.

So kann sich Dr. Falk Harnack, der damalige künstlerische Direktor der im Jahre 1946 gegründeten Deutschen Film Aktiengesellschaft (DEFA), zu Beginn seines Briefes »mit aufrichtiger

Freude und großer Genugtuung« auf die erfolgte Auszeichnung und die Verhandlungen bezüglich der anstehenden Präsidentschaft beziehen.

»Blickt man auf die letzten 50 Jahre deutscher Geschichte zurück, so erkennt man erst, mit welcher vorausschauenden Kraft Sie Ihren Roman ›Der Untertan‹ gestaltet haben. Sie haben mit dieser Figur die ganze deutsche kleinbürgerliche Misere erfasst.« Heinrich Manns Roman wurde als aktueller Beitrag zur Analyse der geschichtlichen Voraussetzungen des Faschismus verstanden, als möglicher ostdeutscher Beitrag im Rahmen der Re-Educations-Politik im Nachkriegsdeutschland. Denn, so Falk Harnack, »dieser Film könnte meines Erachtens ein wesentlicher Beitrag sein zur Umerziehung des deutschen Volkes.« Die Antwort Heinrich Manns ließ nicht lange auf sich warten. Am 24. Oktober 1949 geht das Antwortschreiben nach Berlin.[22] Den Entschluss der DEFA betrachtete er »zustimmend«, die »Leistungen der Defa«, so Heinrich Mann weiter, »sind mir trotz meiner Abwesenheit von Berlin bekannt genug.« Nach diesen allgemeinen Sätzen kommt Heinrich Mann direkt auf den inhaltlichen und dramaturgischen Zuschnitt des Films zu sprechen, und nach einem Hinweis auf die Termingestaltung erbittet sich der Autor eine klare Regelung der Rechtefrage. Heinrich Mann war einverstanden, die Produktion konnte beginnen.

## Wolfgang Staudte war nicht die erste Wahl

Aus dem Brief von Falk Harnack an Heinrich Mann wird deutlich: Wolfgang Staudte war als Regisseur nicht die erste Wahl. Tatsache ist, dass Wolfgang Staudte eine hohe Achtung vor dem Werk Heinrich Manns hatte, denn »sein Name ist für mich eine hohe Verpflichtung.«[23] Gleichzeitig empfindet Staudte eine moralische Verantwortung, indem er die Absicht betont, »die Bereitschaft gewisser Menschen zu zeigen, die über zwei Weltkriege hinweg zum Zusammenbruch Deutschlands im Jahre 1945 führte. Es soll die Weiterführung meiner Anklage gegen diese Kreise und eine Warnung vor diesen Menschen sein (…).«[24] Nach dem ersten brieflichen Kontakt schien die Arbeit geruht zu haben. Möglicherweise wurden auch die weiteren Vorbereitungen durch den Tod Heinrich Manns im amerikanischen Exil unterbrochen. Mit der Vertragsunterzeichnung für Wolfgang Staudte am 16. Januar 1951 kam jedoch wieder Bewegung in die Dreharbeiten.[25] Nicht nur bei der eigentlichen Produktion, schon bei der Drehvorbereitung und der Planung einzelner Szenen wurde viel Wert auf detaillierte Vorarbeiten gelegt. Die Filmarchitekten Karl Zander und Erich Schneider erarbeiteten eine Vielzahl handgezeichnete Aquarelle (siehe Abbildungen), die neben den Interieurs auch die Auflösung einzelner Szenen andeuteten; von den späteren Sets wurden zahlreiche Fotostudien und

Auch Erich von Stroheim war als Regisseur des Films im Gespräch.

»Über die ›Untertan‹-Bearbeitung hätte ich vorläufig zu sagen, dass die Handlung an ihre Zeit, neunziger Jahre bis 1913, gebunden ist und nicht verlegt werden kann. Sie werden schon bedacht haben, dass auch der Aktualität des Stoffes hiermit besser genügt wird als wenn man ihn modernisiert.« (Heinrich Mann im Brief an Falk Harnack vom 24. Oktober 1949)

Essay

## »Der Untertan« – Ein Film entsteht

Bevor die eigentlichen Dreharbeiten am 1. März 1951 begannen, fanden am 30. Januar, am 8. und 9. Februar Probeaufnahmen in Babelsberg statt. Das Drehbuch und die Besetzung wurden am 28. Februar genehmigt.

Veranschlagt waren bei Produktionsbeginn 79 Drehtage, wovon 63 Tage oder 485 Einstellungen im Atelier und 16 Tage bzw. 126 Außeneinstellungen nach dem Drehbuch kalkuliert waren. Am Donnerstag, dem 1. März 1951, fiel um 12.15 Uhr in Babelsberg, Tonkreuz West die erste Klappe. Gedreht wurden die Einstellungen 407, 408-415, die Einstellungen 11 und 10 im Versammlungsraum der Sozialdemokraten, im Ordinationszimmer von Dr. Heuteufel und eine Szene auf dem Dachboden.

Gearbeitet wurde in einer 6-Tage-Woche, die einzigen Unterbrechungen der Dreharbeiten bildeten Sonn- und gesetzliche Feiertage (Ostern). Den größten Raum nahmen die Szene im Gerichtssaal (7 Tage/60 Einstellungen), die Aufnahmen in der »Fabrik Heßling« (7 Tage/67 Einstellungen) und die Außenaufnahmen für die Szenen, die in der Stadt Netzig (Platz und Straße, jeweils 6+2 Tage/47+16 Einstellungen) spielten, ein.

Die Aufnahmen im Theater wurden im Potsdamer Theater »Neues Palais«, die Aufnahmen in freier Natur im Park Babelsberg, die Aufnahmen »Diederich beim Militär« in einer nicht näher benannten Kaserne in Potsdam (9. April 1951) gedreht, die Aufnahmen auf der Straße in Netzig auf dem Gelände Babelsberg (ab 30. Mai 1951). Schließlich folgte der Salon Wulkow. Diese Szene wurde im Althoff-Atelier (4. Juni 1951) gedreht, und gegen Ende der Dreharbeiten gab es noch einige Nachaufnahmen im Park Babelsberg und der Kaserne.

Beendet wurden die eigentlichen Dreharbeiten laut Tagesbericht am 22. Juni 1951, also knapp 5 Tage nach der vorgesehenen Planung. Danach begann die Synchronisation, parallel dazu die Musikeinspielung und die Aufnahme des Sprechertextes.

Vom 2. bis 5. Juli wurden Modellaufnahmen für die Einstellung 556 – den Schluss des Films – nachgedreht (wiederholt am 7. Juli). Als letzten Produktionstermin nennt der Tagesbericht die Überspielung des Films in Johannisthal am 8. Juli 1951. Die erste Kopie wurde laut Schlussbericht vom 30. November 1951 am 10. Juli des gleichen Jahres vorgelegt. Insgesamt sind es 2.963 Meter.

Mit Endkosten von ca. 2,1 Millionen Mark wurden gegenüber der Erstkalkulation knapp 430.000 DM eingespart. Allerdings deutet die zu Beginn bewilligte stattliche Produktionssumme darauf hin, dass dieser Film als Prestigeproduktion geplant war.

Eine Möglichkeit für diese Sparmaßnahmen war u.a. die gleichzeitige Bearbeitung der Filme »Der Untertan« und der Fontane-Adaption »Corinna Schmidt« – hier wurden das Regierungsgebäude, die Fabrik Heßling und im Althoff-Atelier der Salon Wulkow doppelt bespielt. Den größten Posten machten die Rechtezahlungen an die Familie Mann (64.240 DM), die Kosten für Regie und Drehbuch (128.000 DM) und die Honorare für den Filmbildner Zander (34.000 DM), die Hauptdarsteller Werner Peters (45.000 DM) und Paul Esser (32.000 DM) aus. Hinzu kamen die Honorare für 6.760 Komparsen, die mit knapp 170.000 DM zu Buche schlugen.

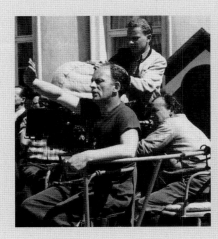

Dr. Wilkening, 28. April 1951, Aktenverkehr: »Gage Werner Peters für den ›Untertan‹.
Herr Peters hatte für die Rolle des ›Untertan‹ mit 73 Drehtagen eine Gage von DM 45.000,– verlangt. In langwierigen Verhandlungen hatte ich ihm klar gemacht, daß wir nur noch Gagen bis zur Höhe von DM 35.000,– zahlen. Er hatte sich dann auch bereit erklärt zu unterschreiben.
Bevor er jedoch den Vertrag unterzeichnete, erfuhr er durch einen unglücklichen Umstand – er gibt an, in eine Telefonverbindung zwischen Frau Hesterberg und ihrem Anwalt geraten zu sein – die Gage, die wir Frau Hesterberg [in einem anderen Film] zahlen.
Ich hatte drauf eine sehr erregte Auseinandersetzung mit ihm, konnte ihn aber bewegen, den Vertrag trotzdem zu unterzeichnen, um auf keinen Fall die Fortsetzung des Films zu gefährden. Ich habe ihm jedoch versprochen zu klären, ob eine Erhöhung seiner Gage jetzt, nachdem wir sehen, daß er die ihm gestellte Aufgabe meistert, möglich ist. Dr. Wilkening.«

## Essay

Leonie Mann-Aškenazy (2.v.r.), Heinrich Manns Tochter, besuchte im April 1951 das Set in Babelsberg und übergab der Akademie der Künste Dokumente aus dem Nachlass ihres Vaters.

»Der Film als Massenkunst muß eine scharfe und mächtige Waffe gegen die Reaktion und für die in der Tiefe wachsende Demokratie, gegen den Krieg und den Militarismus und für Frieden und Freundschaft aller Völker der ganzen Welt werden.« (Oberst Tulpanow, 5. Mai 1946, Gründung der DEFA)

kleinere Modelle angefertigt. Akribisch waren auch die Vorbereitungen im Bereich Kostüme, die von Walter Schulze-Mittendorf betreut wurden und deren Planung bis in kleinste Ausstattungsdetails vorliegt (siehe Farbabbildungen).

Hier zeigte sich Wolfgang Staudtes Interesse für szenische Details und die Nähe zur Inszenierungskultur des Kaiserreichs, die der Regisseur aufgreift. Bei ihm werden Requisiten zu visuellen Kommentaren. Aber auch seine ökonomische Arbeitsweise, die einzelnen Einstellungen bereits – ›im Kopf geschnitten‹ – zu drehen, findet in der akribischen Planung ihren Ursprung.

Begleitet wurde die Produktion durch eine umfassende Vorberichterstattung in der Presse. Und im April 1951 war prominenter Besuch am Filmset in Babelsberg: Heinrich Manns Tochter, Leonie Mann-Aškenazy.

Das Zentralorgan der Partei, die Zeitung »Neues Deutschland«, beschwor aus diesem Anlass unter der Überschrift »Wenn Heinrich Mann bei uns wäre« aufs Eindringlichste die geistige und politische Verbundenheit von Leonies Vater mit den Zielen der DDR und selbstverständlich mit dem Film. Aber die Identifikation Heinrich Manns mit den ideologischen Werten des Sozialismus ging weiter, denn, so seine Tochter, er »war sich des Wertes und der Bedeutung der Arbeiterklasse bewusst und sah ihre Zukunft voraus. In der vordersten Linie kämpfte er für den Frieden. Deshalb fühlte er sich auch in Tru-

# Essay

Diederich Heßling im Café Bauer, vor dem Fenster demonstrierende Arbeiter. Im fertigen Film wurde auf die Einstellung aus politischen Gründen verzichtet.

mans Amerika nicht wohl.« Dies ist denn auch die Überleitung zum eindeutigen Bekenntnis Heinrich Manns zur DDR aus dem Munde seiner Tochter, die die DDR zur eigentlichen Heimat des Vaters machte:

»Er sehnte sich nach Hause, nach der Deutschen Demokratischen Republik. Dies war seine wirkliche Heimat, denn sie ist die Heimat der deutschen werktätigen Menschen, und er war einer von ihnen. (...) Er ist nicht zurückgekehrt. Es war ihm nicht vergönnt, die neue deutsche Jugend, die in seinem Geist heranwächst, mit eigenen Augen zu sehen. Eine Jugend, die im Geist des Kampfes für den Frieden, die Menschlichkeit und die sozialistische Zukunft erzogen wird.« Heinrich Mann, der Film »Der Untertan« und die Deutsche Demokratische Republik waren nun mittelfristig auf das Engste miteinander verknüpft.

**Der Autor und sein Regisseur**

Auch der Regisseur war dem Autor verbunden: »›Dem Gedächtnis Heinrich Manns‹ schrieb ich auf die erste Seite unseres Drehbuchs.«[26] Aber während Heinrich Mann an einer intensiven Analyse der wilhelminischen Gegenwart interessiert war, konzentrierte sich Wolfgang Staudte auf geschichtliche Prozesse; auch wenn ihn die Vorgeschichte des Nationalsozialismus interessierte, richtete sich sein Augenmerk vor allem auf die Entwicklung der Machtverhältnisse im historischen Prozess. In dieser Konsequenz verzichtete Wolfgang

**Essay**

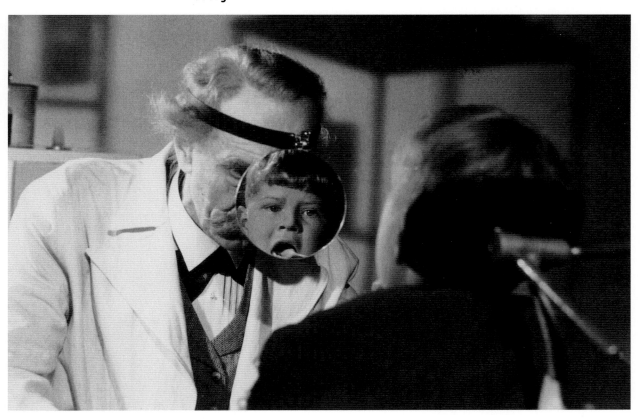

Der junge Diederich Heßling wird im ›Hals gepinselt‹.

Staudte in seinem Film auf sämtliche realhistorischen Bezüge, er reduzierte die politische Parteienlandschaft Netzigs auf einen Kampf zwischen der Sozialdemokratie und Diederich Heßling. Auch die Grundstücksschiebereien blendete Wolfgang Staudte aus, ebenso die durch die Medien beeinflussten Machtkämpfe vor den Reichstagswahlen. Diese Konzentration gilt auch für die Stellung des Sozialdemokraten Napoleon Fischer, den Heinrich Mann – viel schärfer noch als Wolfgang Staudte – als durch und durch korrupten und karriereorientierten Zeitgenossen dargestellt hatte. Und auch die politische Bedeutung des ›Alten Buck‹ wird im Film deutlich konzentriert. Er übernimmt die Position des moralisch-demokratischen Ursprungs.

Mit Blick in das Drehbuch wird deutlich, dass Staudte gezielt inhaltliche Eingriffe noch während der Produktion vornahm. Diese Veränderungen hatten auch inhaltliche Konsequenzen, die Aufschluss über Wolfgang Staudtes politische Positionierung geben. Die erste Änderung beginnt bereits im Vorspann. Das Drehbuch sah als erstes Bild folgendes Insert vor: »Dem Gedenken (zuerst: Gedächtnis) an Heinrich Mann«. Dies wurde gestrichen.
Ebenfalls verzichtete er auf eine Einstellung, die Diederich in Kontakt mit dem Maler und Grafiker Heinrich Zille bringen sollte. Im 20. Bild, Einstellung 66, sollten der betrunkene Mahlmann und Diederich in der Morgendämmerung vor dessen Haus landen. Im Anschluss war eine Montage vor-

## Essay

Die Denkmalseinweihung bringt noch einmal den Inszenierungswahn des Kaiserreichs in Wort und Bild auf den Punkt.

Die Dreh-Vorbereitungen auf dem Marktplatz.

Das Gewitter.

Das Denkmal in den Flaklichtern der Nationalsozialisten.

Vorbereitung für die Schlussszene in der Nachkriegszeit.

gesehen: »20. Bild, Einstellung 67: Während noch das Gegröle der sich entfernenden Mahlmann und Diederich zu hören ist, blendet das Bild langsam über in einige der markantesten Zeichnungen von Heinrich Zille, die von den Sorgen und der Not der arbeitenden Bevölkerung berichten. Noch während die Blätter Meister Zilles gezeigt werden.« Ebenso verzichtet Staudte auf die realhistorische Konfrontation zwischen den ausgebeuteten, nach Arbeit und Brot schreienden Arbeitern und der Staatsmacht vor dem Café Bauer in der Straße Unter den Linden, die erst mit dem Eintreffen des Kaisers endet. Auch wenn in dieser Szene vor allem der Wankelmut der bürgerlichen Zuschauer zum Ausdruck kommt, der in exaltierter Kaiserbegeisterung mündet, ließe sich hieraus eine Sympathie mit der Arbeiterschaft, namentlich mit deren politischen Führern und deren publizistischem Organ »Vorwärts« und den dazugehörigen Symbolen (z. B. »Marseillaise«), die im Drehbuch explizit genannt werden, ableiten. Wolfgang Staudte wollte jede Anspielung auf reale historische Persönlichkeiten vermeiden, wie er dies auch schon im Falle Zilles tat. Zudem erkannte Wolfgang Staudte die

**Essay**

»Heinrich Mann zum Gedenken«: Titelseite der »Filmillustrierten«. Auf Seite 3 war ein großes Foto des Autors.

# Werner Peters (1918-1971)

Werner Peters gilt als die Inkarnation des Spießbürgers Diederich Heßling, für dessen Verkörperung er den DDR-Nationalpreis 3. Klasse bekam. Der Regisseur Wolfgang Staudte hatte bereits in seinem Film »Rotation« (1948), in dem Peters den HJ-Führer Udo spielte, mit ihm zusammengearbeitet. Auch in weiteren Wolfgang-Staudte-Produktionen, wie etwa in »Der kleine Muck« (1953), »Madeleine und der Millionär« (1957) und der Satire auf die bundesrepublikanische Nachkriegsgesellschaft »Rosen für den Staatsanwalt« von 1959, war Werner Peters mit von der Partie.

Geboren am 7. Juli 1918, kam Werner Peters über das Theater zum Film. Nach dem Besuch der Schauspielschule in Leipzig wechselte er nach dem Krieg zunächst an die Münchner Kammerspiele (1946/47) und dann an das Deutsche Theater nach Berlin, wo er bis 1952 blieb. Von 1955 bis 1956 war er Darsteller am Düsseldorfer Schauspielhaus; dann verließ er das Rheinland in Richtung Westberlin und blieb von 1955 bis 1958 am Schillertheater.

In den 1960er Jahren spielte Werner Peters, alias Diederich Heßling, den Bösewicht par excellence in den populären Kino-Krimis der Edgar-Wallace-Reihe.

Seine erste Filmrolle gab ihm Harald Braun in dem Film »Zwischen gestern und morgen« (BRD, 1947). Danach verging kaum ein Jahr, in dem Werner Peters nicht vor der Kamera stand, von 1948 bis 1954 vor allem für die DEFA, ab 1955 dann in Westdeutschland. Die Figur des Diederich Heßling war seine erste große Hauptrolle, sein Durchbruch; sie legte ihn jedoch auch gleichzeitig auf den später immer wieder gefragten Typen fest. So schrieb die »Süddeutsche Zeitung« anlässlich seines Todes: »Von da an spielte er in zahlreichen deutschen und ausländischen Filmen immer die gleichen Rollen gleich gut: den unangenehmen, den ›schmutzigen Deutschen‹ in Uniform und Zivil. Er war ein Schauspieler, der sich fast immer erfolgreich am Rande der Karikatur, die seine Rollen provozierten, entlang spielte. Durch den Typ festgelegt, war er dennoch etwas mehr als ein interessanter Chargen-Darsteller.« Nach Rollen im deutschen Fernsehen und Auftritten in einigen europäischen Co-Produktionen kam 1960/61 der internationale Durchbruch. Er spielte in Amerika und Großbritannien zusammen mit William Holden, Henry Fonda, James Garner oder Paul Newman. 1958 gründete er das Synchronstudio Rondo-Film-GmbH; 1966 erhielt er den Deutschen Filmpreis in Gold für die männliche Nebenrolle in dem Robert-Siodmak-Film »Nachts, wenn der Teufel kam«. Bis zu seinem Tod am 30. März 1971 durch einen Herzinfarkt spielte Werner Peters in über 100 Filmen. An den herausragenden Erfolg seiner Darstellung des kaisertreuen Diederich Heßling konnte er jedoch nie wieder anknüpfen.

## Essay

Für die Musik war der Komponist Horst Hans Sieber verantwortlich. Er entwarf eine Mischung aus Marschliedern, bekannten sentimentalen Volksliedern und eingängigen Eigenkompositionen. Bereits zu Beginn des Films gibt es eine musikalische Montage der verschiedenen Motive, die sich durch den ganzen Film ziehen und damit die Handlung musikalisch vorwegnehmen.

mögliche Auslegung dieser Szenen als Ergebenheitsadresse gegenüber den Machthabern im Osten – vor allem auch mit Blick auf den beginnenden Kalten Krieg. Zudem war es Staudte wohl bewusst, dass ein Film mit aufständischen Arbeitern bzw. dem Zitat der Bilder Heinrich Zilles in Westdeutschland kaum eine Chance auf eine Aufführung haben würde.

Staudte nahm aus der ursprünglichen Konzeption eine weitere Szene heraus, die Napoleon Fischer sehr devot gegenüber Heßling auftreten ließ. Er war sich sicherlich der Reaktionen bewusst, die er bei den politischen Funktionsträgern der DEFA hervorgerufen hätte: Eine derartige Haltung des Vorarbeiters und Sozialdemokraten Fischer gegenüber dem Unternehmer (und Kapitalisten) Diederich Heßling hätte die Zensur wohl nicht passiert.

Insgesamt ist die Zahl der Änderungen im Vergleich zum Drehbuch überschaubar.[27] Deutlich zeigt sich, dass Wolfgang Staudte seinen Film genau plante und umsetzte. Gleichwohl ließ seine Arbeitsweise noch genügend Spielraum, um während des Produktionsprozesses Veränderungen vorzunehmen, um visuell verdichtete Lösungen zu finden. Wolfgang Staudte ging es darum, jeden allzu eindeutigen realhistorischen Bezug zu vermeiden. Künstlernamen, Politiker und auch Zeitungen wurden konsequent aus der Handlung herausgenommen, wodurch eine zu starke geschichtliche Verortung der Handlung vermieden wurde. Andererseits unterließ Staudte damit auch in einigen Fällen eine eindeutige Parteinahme (»Zille«, »Liebknecht«, »Vorwärts«, »Marseillaise«), die die ohnehin schon sensibilisierte Zensur in dem einen oder anderen deutschen Staat auf den Plan gerufen hätte.

### Die doppelte Optik von Macht und Unterwerfung

Diederich Heßling ist der Protagonist des Films, und nur in wenigen Ausnahmefällen – so z. B. bei der Liebesaffäre seiner Schwester mit dem Leutnant – entwirft Staudte eine Parallelhandlung, an der der Untertan (er wird auch im Vorspann nicht mit seinem bürgerlichen Namen, sondern nur in seiner ›Funktion‹ eingeführt) nicht teilnimmt. Staudte entwickelte auf der Basis des Romans ein Konzept wiederkehrender Situationen, die in der jeweils unterschiedlichen Haltung Diederichs das situativ-angepasste und nicht prinzipientreue Wesen des Untertanen deutlich machen sollten. Dieses Moment der doppelten Optik geht jedoch auch über die Handlungsstruktur hinaus. Staudte setzt auch in der szenischen Auflösung auf den offensichtlichen bzw. offen hörbaren Kontrast (einen durch die Musik, den Dialog oder den Erzähler positionierten kontrastiven Kommentar) mit dem Ziel, die offensichtliche Doppelbödigkeit der wilhelminischen Moral, die grundlegende Differenz zwischen Schein und Sein, zu entlarven.

Die Karikatur im Bild.

## Essay

Wichtige Elemente sind die Kameraführung, die Wahl des Bildausschnitts und die Montage. Diese stellen im Film die gesellschaftliche und psychologische Beziehung zwischen den Protagonisten her. Durch den gezielten Einsatz der Aufnahme aus der Frosch- und Vogelperspektive thematisiert und analysiert Staudte diese Hierarchieebenen. Darüber hinaus fallen die verschiedenen Szenen, in denen der Spiegel zu einem wichtigen Bildkompositionsmittel wird, ebenso auf wie die unterschiedlichen Versuche (so z.B. in der Fabrik beim Blick hinter die Lumpen), durch inszenierte Rahmungen neue visuelle Bedeutungsräume zu eröffnen. Staudte verdeutlicht mit diesen Hinweisen nicht nur den generell optischen Charakter des Films, sondern auch den inszenatorischen Gestus der wilhelminischen Gesellschaft und die Bedeutung der Perspektivierung als zentraler Kategorie zur Interpretation und Einschätzung der Handlung.

Der eigentliche Beginn des Films gibt ein gutes Beispiel für die Montagetechnik. Wolfgang Staudtes Interesse an den Kontinuitäten und Kontexten der Macht wird auf der musikalischen, der bildlichen und schließlich auf der Ebene des gesprochenen Wortes dokumentiert. So werden nicht nur die familiären und gesellschaftlichen Institutionen der Macht (Vater, Mutter, Schornsteinfeger, Arzt, Schutzmann und Pfarrer) eingeführt, sondern wird über die Montage der Kaiserbilder auch eine lückenlose historische Linie vom 18. Jahrhundert bis zur Gegenwart konstruiert.

Die Wahrnehmung gesellschaftlicher Autoritäten im Verhältnis zum jungen Heßling, dargestellt u.a. durch die Unter- und Obersicht der Kamera, wird auch in der Folgezeit fortgeführt. Das bedeutet: Diederich Heßling kommt über diese Einübung gesellschaftlicher Wahrnehmungsweisen nicht mehr hinaus.

Insofern bildet diese Eingangssequenz in vielfacher Hinsicht eine komprimierte, fast leitmotivische Einführung in die zentralen Strukturen des Films. Neben den filmästhetischen Mitteln, wie Bildsprache (Montage, Kamera, Bildausschnitt, Setdesign) und Musik (auch Off-Kommentar), wurden zentrale inhaltliche Funktionselemente und Leitmotive vorgestellt. Dazu gehört, neben der Bedeutung geschichtlicher Kontinuitäten und dem Thema der Macht als Phänomen der Institutionen, Wahrnehmung und Perspektive, vor allem die eingesetzte sprachliche und visuelle Rhetorik.

Der Anfang und der Schluss bilden ästhetisch, individualpsychologisch und thematisch eine erzählerische Klammer, die für die Gesamtaussage des Films von entscheidender Bedeutung ist. So beginnt die Rede Diederich Heßlings bei der Denkmalsenthüllung mit den Worten »Wenn wir heute ...«, womit er sich nahtlos in die Diktion und damit die Kontinuität der Redner zu Beginn des Films einreiht. Bei dieser Rede am Ende des Films greift Diederich Heßling nicht nur einzelne

Die Soldaten im Spiegel der Trompete.

Diederich im Angesicht der Macht.

Der Offizier – in unnahbarer Ferne.

Die Großaufnahme verzerrt bis zur Karikatur.

## Essay

Diederich heiratet Guste (Renate Fischer) – trotz ehrenhafter Grundsätze!

Vater Göppel (Friedrich Maurer) bitte Diederich, Agnes zu heiraten. Der »Untertan« lehnt aus ehrenhaften Grundsätzen ab.

Handlungsepisoden des Films auf und zeigt zusammenfassend die eigene scheinheilige und vordergründige Prinzipienhaftigkeit. Aber Staudte stellte auch inhaltliche Bezüge zum Film her und schuf somit – analog zu den Szenen zu Anfang – eine Zusammenfassung und Bewertung der Handlung und deren Bedeutung. So ist der Hinweis auf die Tatsache, dass niemals aus der »Gesinnung ein Geschäft« gemacht wurde, natürlich direkt auf Diederichs Haltung im Falle des Prozesses um den Fabrikanten Lauer gewendet. Der Verweis auf die »Elite der Nation« greift das satirische Motto aus dem Kabarett wieder auf, auch die »höchste Pflicht« zur Verteidigung muss angesichts des krankheitsbedingten Ausscheidens aus der Armee satirisch gemeint sein. Und auch der Hinweis auf die Unselbstständigkeit des Untertans darf nicht fehlen. So beendet Diederich Heßling die Rede nicht wegen des schlechten Wetters, sondern aufgrund eines Befehls des Regierungspräsidentens von Wulkow.

Die kommentierende Instanz des Erzählers wird schließlich in der Schlussszene nach dem Gewitter zur moralisierenden Instanz des Films. Noch einmal mobilisiert Staudte die bedeutungsgenerierenden Mittel des Films: Musik (Horst-Wessel-Lied als Hymne der Nationalsozialisten), Ton (Erzählerkommentar als parallele Vorausdeutung), Bild (das alle Zeiten überdauernde Kaiserdenkmal im Wilhelminismus, in den Flak- und Inszenierungslichtern der Nazis und den Trümmerstädten der Nachkriegszeit) und Schnitt (die dynamisch-kontinuierliche Überblendung

**Essay**

Napoleon Fischer (Friedrich Gnass) ist ein politischer Taktiker. Hier im Kreise seiner Genossen.

»Jäh und unabänderlich sank man zur Laus hinab, zum Bestandteil, zum Rohstoff, an dem ein unermesslicher Wille knetete.« (Heinrich Mann: Der Untertan, S. 36)

des Kontextes unter Beibehaltung des Denkmals). Die »öffentliche Seele unter Wilhelm II.« (Heinrich Mann) ist auch die Seele des deutschen Untertans des 20. Jahrhunderts. Diese Kontinuität der Mentalität wird in der Kontinuität des Bildes festgehalten.

**Verzerrung und Brechung von Autorität[28]**

Neben der Kameraeinstellung und der Wahl des Bildausschnittes ist ein weiteres Element charakteristisch für Staudtes visuelle Darstellung und Bewertung der wilhelminischen Typen: die Verzerrung.

Nach der Pflichtmensur bei den Neuteutonen beobachtet die Kamera die ohnehin schon vom Alkohol gezeichneten, leicht verschwitzten Gesichter der Burschenschafter durch den munter kreisenden Bierkrug. Die von Mensuren entstellten Gesichter werden durch die Glaswölbung stark verzerrt: Der Effekt der Karikatur ist erreicht. Das zweite Mal wird diese Form der Verzerrung bei Diederich Heßlings Aufenthalt in der Kaserne verwendet. Das Auftreten der Rekruten findet im Spiegelbild einer Trompete statt. Deutlich wird bereits hier, dass die Soldaten über die Wahrnehmung eines deutlich militärisch besetzten Gegenstandes ihrer Individualität beraubt werden.

Als Diederich sich an den Offizier wendet, wird er steil von oben – aus dem Blickwinkel des Offiziers – aufgenommen. Bereits während des ersten Satzes erfolgt ein Umschnitt und eine Großaufnahme des Auges, und bei der folgenden Antwort eine Großaufnahme des Mundes. Die

# Wolfgang Staudte (1906-1984)

Wolfgang Staudte hatte schon in den 1920er Jahren eine Vorliebe für schöne und schnelle Autos.

Der in Saarbrücken geborene Wolfgang Staudte zählt zu den herausragenden deutschen Regisseuren der Nachkriegszeit. Sein Leben widmete er gänzlich den laufenden Bildern. Nach einer Lehre als Automechaniker kam er über seinen Vater, Fritz Staudte, der auch an dem Drehbuch zu dem Film »Der Untertan« (1951) mitschrieb[1] und eine kleine Rolle übernahm, zunächst an das Berliner Theater und schließlich in den 1920er Jahren als Statistendarsteller und Synchronsprecher zum Film. Er trat 1935 in die Reichsfilmkammer ein, verdiente sich jedoch zunächst sein Geld als Regisseur von Werbefilmen. Hier lernte er die Wirkung der Montage von Bild und Ton zielgerichtet und ökonomisch einzusetzen.

Noch während der Zeit des Nationalsozialismus durfte er – neben der Übernahme kleinerer Nebenrollen in wichtigen Propagandafilmen – seinen ersten großen Spielfilm drehen. Mit dem Clown Charles Rivel in der Hauptrolle realisierte er den Film »Akrobat schöö-ö-ön« (1942/43). Schon in seinem nächsten Film, »Der Mann, dem man den Namen stahl« (1944), offenbart Staudte die ebenso unterhaltende wie aufklärerisch-analytische Symbiose, die bei einer virtuosen Bildsprache und einer satirischen Erzählhaltung entstehen kann.

Wolfgang Staudte gehörte nach dem 2. Weltkrieg zu den ersten aktiven Filmproduzenten, seine Parabel auf die Nachkriegsgesellschaft »Die Mörder sind unter uns« (1946) wurde zur Inkunabel des deutschen Films. Zusammen mit »Rotation« (1948) und »Der Untertan« (1951) entstand eine Trilogie, die – ganz im Sinne des Gründungsgedankens der ab 1946 existierenden DEFA (Deutschen Film AG) – die Ursachen des Faschismus bis in die Zeit des Kaiserreichs zurückverfolgte.

Der Kalte Krieg machte dem gesamtdeutsch denkenden Regisseur einen Strich durch die Rechnung. Waren zunächst die Arbeitsbedingungen im Westen schwierig, entschied er sich nach dem Welterfolg »Der kleine Muck« (DEFA, 1953) und der geplatzten Verfilmung der »Mutter Courage« (1955) schließlich gegen die ostzonale DEFA.

Insgesamt war Wolfgang Staudte viermal verheiratet. In erster Ehe mit Renate Praetorius, danach mit der Schauspielerin Ingmar Zeisberg (Bild; 1958-64), mit Rita Heidelbach (1967-1976) und zuletzt mit Angelika Hoffmann (ab 1976).

Auch im Westen blieb er ein ebenso engagierter wie unbequemer Denker. Immer wieder stellte er in seinen Filmen die Frage der Schuld. Aber auch die politische und gesellschaftliche Restauration der 1950er Jahre geriet in sein Visier. In den entstandenen Filmen »Rosen für den Staatsanwalt« (1959), »Kirmes« (1960) und »Herrenpartie« (1964) verband er diese Themen auf ebenso unterhaltsame wie scharfsinnig-analytische Weise.

Um seine inhaltliche Unabhängigkeit auch gegenüber dem immer stärker werdenden ökonomischen Druck der Produzenten und des Fernsehens durchzusetzen, gründete er eine eigene Filmproduktionsfirma, die »Cineforum GmbH, Berlin/West«. Eine in jeder, aber vor allem finanzieller Hinsicht gescheiterte Co-Produktion, die unter dem Titel »Heimlichkeiten« im Jahr 1968 in die deutschen Kinos kam, führte zu einem fast völligen Rückzug aus der Kinoregie. Staudte musste seine Villa in Dahlem verkaufen, da er auch mit eigenem Geld für Kosten der Produktion gehaftet hatte; fortan arbeitete er für das immer stärker werdende Massenmedium Fernsehen.

Er verkörperte wie kein Zweiter den gesellschaftlichen Leitmedienwandel vom Kino zum Fernsehen, vom Film zur Serie und Fernsehspiel. Geschätzt wurde Staudte wegen seiner Pünktlichkeit, seiner Zuverlässigkeit, aber vor allem auch wegen der inhaltlichen Qualität. Mit »Der Seewolf« (ZDF, 1969-71), »Lockruf des Goldes« (ZDF, 1974/75) »MS Franziska« (ARD, 1976/77), »Der eiserne Gustav« (ARD, 1978/79) und »Die Pawlaks« (ZDF, 1981/82) realisierte er nicht nur quotenträchtige Vorabend- und Primetime-Produktionen für das öffentlich-rechtliche Fernsehen, er schrieb zudem auch die Erfolgsgeschichte einiger – heute zu den Klassikern des deutschen Fernsehens zählender – TV-Reihen (»Tatort«, »Der Kommissar«) mit. Bei den Genrefilmen waren es besonders die Krimis, denen sich der Regisseur, der auch die Synchronregie für Stanley Kubricks »Clockwork Orange« (1971) übernahm, immer wieder zuwandte, so z.B. in »Ganovenehre« (1966), »Die Herren mit der weißen Weste« (1969/70) oder »Fluchtweg St. Pauli – Großalarm für die Davidswache« (1971). Neben zahlreichen Literaturverfilmungen – u. a. »Die Dreigroschenoper« (1963) von Bertolt Brecht oder »Lehmanns Erzählungen« (1974) von Siegfried Lenz – finden sich immer wieder auch kritisch-unterhaltsame Auseinandersetzungen mit der Gesellschaft, vor allem im historischen Gewand. So schließen seine Verfilmungen von literarischen Satiren wie Carl Sternheims »Snob« (1983) mit Klaus Maria Brandauer in der Hauptrolle und »Der Maulkorb« (1958), nach einer Vorlage von Heinrich Spoerl, inhaltlich an den »Untertan« an, ohne jedoch seine formale und inhaltliche Dichte zu erreichen.

Wolfgang Staudte starb 1984 bei Dreharbeiten zu der ZDF-Fernsehserie »Der eiserne Weg« in Jugoslawien an einem Schlaganfall. Für seine Arbeit erhielt er zahlreiche Auszeichnungen, darunter den Nationalpreis 2. Klasse und den IFF Karlovy Vary Preis für den Kampf um den sozialistischen Fortschritt für »Der Untertan«; den Goldenen Löwen des Internationalen Filmfestivals in Venedig für »Ciske – de Rat« (1955), den Deutschen Filmpreis, Filmband in Gold für langjähriges und hervorragendes Wirken im deutschen Film und das Große Verdienstkreuz des Verdienstordens der Bundesrepublik Deutschland (1979).

1 Vgl. dazu das Interview mit Malte Ludin am Ende dieses Katalogs.

Bei den Dreharbeiten in Jugoslawien stirbt Wolfgang Staudte am 19. Januar 1984. Am 3. März 1984 wird die Asche Wolfgang Staudtes in der Nordsee seebestattet.

Wolfgang Staudte, der von 1966 bis 1968 Dozent an der Deutschen Film- und Fernsehakademie Berlin (DFFB) war, erhielt für sein Werk zahlreiche Auszeichnungen – hier der Goldene Löwe der Filmfestspiele in Venedig. Seit 1990 vergeben die Internationalen Filmfestspiele Berlin (Berlinale) alljährlich den Wolfgang-Staudte-Preis für einen Film des Internationalen Forums des jungen Films.

## Essay

Diederich als Teil des »großen Ganzen«: Freudige Unterwerfung unter die autoritären Rituale des Militärs.

Antwort des Offiziers ist nicht hörbar. Die Worte und Sätze verschmelzen, während die Bildgeschwindigkeit leicht beschleunigt wird, zu einem krächzend-aggressiven Ton, der zudem unterlegt wird von leichter Marschmusik. Durch die Großaufnahme des Auges und Mundes, die gleichzeitige Beschleunigung und Verzerrung bricht Staudte satirisch den autoritären Gestus. Durch die bis zum Bellen eines Hundes gehende Übersteigerung wird auch der durch den Offizier repräsentierten Macht jegliche Legitimation genommen.

### »Wer treten will, muß sich treten lassen«

Auf der narrativen Ebene fällt eine strukturelle Verdopplung thematisch gleich gelagerter Handlungsstränge auf. Deutlich wird dies an zwei Themenkomplexen, die Fragen der Moral und des vorehelichen Geschlechtsverkehrs mit Fragen der Ehre verbinden. Diederich Heßling steht jeweils im Mittelpunkt. Die Anlage der Szenen verdeutlicht die doppelbödig-relative Bedeutung der für das wilhelminische Selbstverständnis so wichtigen Ehrbegriffe.

Deutlich wird dies bei Diederichs Liaison mit Agnes Göppel und dem Verhältnis des Leutnants von Brietzen mit Emmi Heßling. Im Hause Göppel nimmt eine Figurengruppe als kommentierendes Requisit die kommende Vereinigung der beiden in romantisch-sentimentaler Liebe zugeneigten, Diederich und Agnes, vorweg. Er – zu Gast im Hause Göppel – spielt Klavier, sie singt das melancholisch-romantische Lied: »Der schönste Platz, den ich auf Erden hab.« Nach einem von sentimentalen Anwandlungen durchzogenen Liebesverhältnis (Schubertlieder, Naturidylle und Amorbildnissen) weigert sich Diederich, Agnes zu heiraten.

Diederich Heßling weist entschieden darauf hin, dass es ihm sein moralisches Gewissen verbietet, eine Frau zu heiraten, die ihm ihre ›Reinheit‹ nicht mit in die Ehe bringt«. Vater Göppel bezeichnet ihn als »Schubjack«, auf die sich anschließende Duellforderung kann er nur mitleidig antworten: »Tochter verführen und den Vater abschießen, dann ist Ihre Ehre komplett.«

Das narrative Gegenstück zu dieser Handlungssequenz bildet die Liaison zwischen dem Leutnant von Brietzen und Diederichs Schwester. Nachdem er von ihrem Verhältnis erfahren hat, spricht Diederich bei von Brietzen vor. Auf die Forderung, seine Schwester zu heiraten, antwortet der Leutnant: »Der Ehrenkodex meines Regiments verbietet es mir, eine Frau zu heiraten, die mir ihre Reinheit nicht mit in die Ehe bringt.« Die sich aus dem Gespräch ergebende Duellforderung wehrt der feige Diederich mit den Worten ab: »Die Schwester verführen und den Bruder ermorden, das könnte Ihnen so passen.« Der auktoriale Kommentar liefert die präzise Analyse der Machtverhältnisse: »Wer treten will, muss sich treten lassen.«

Als Diederich Heßling sich nach der spiegelbildlich zu seiner Unterhaltung mit Vater Göppel verlaufenden Unterredung von dem Leutnant abwendet, vermerkt der Erzähler im Kommentar Diederich Heßlings Hochachtung vor dem preußischen Regimente, »das einem so leicht keiner nachmacht«. Auf der Bildebene wird die eingenommene Haltung des Leutnants durch eine im Bildvordergrund stehende Statuette verdoppelt. Neben der Lächerlichkeit, die vor allem durch die schief aufgesetzte Mütze und den betonten Wechsel des Geschlechts entsteht, wird die Einmaligkeit der Haltung durch das leblose Double der Statuette karikiert und als wenig eigenständiges Verhalten entlarvt, das seine Vorbilder in historischen und längst zu Stein geronnenen Vorbildern sucht.

### ›Exotische Erotik‹ in der Fabrik

Eine ähnliche Qualität der spiegelbildlichen Entlarvung angeblich ehrenhafter und moralischer Prinzipien führt Staudte in einem

Diederich im Angesicht seiner Majestät als Ankläger vor Gericht. Der Prozess und das öffentliche Bekenntnis haben den Aufschwung seiner Geschäfte zur Folge.

## Essay

Im Westen war »Der Untertan« bis 1957 verboten.

weiteren Szenenpaar vor. Gerade nach Netzig zurückgekehrt, entdeckt Diederich Heßling eine Arbeiterin, die sich, hochschwanger, hinter einem Lumpenballen in seiner Fabrik von der Arbeit ausruht, und ihren Verlobten. Diederich wittert darin nicht nur Arbeitsverweigerung, sondern gleichzeitig noch unsittliche Handlungen. Als »Schweine« bezeichnet er die beiden.
Eben an diesem Platz, hinter den Lumpen in seiner Fabrik, finden Guste Daimchen und der Papierfabrikant aus Netzig zusammen. Für Diederich ist es eine besondere Form exotischer Erotik. Er berichtet Guste von dem Arbeiterpaar, schließlich fallen die beiden in die Lumpen.

Dass Diederich Heßling Guste Daimchen bald darauf heiratet, ist die letzte Konsequenz aus einer pragmatischen, Ökonomie und Macht verbindenden Haltung. Die moralischen Maßstäbe erweisen sich einmal mehr als relativ, situativ und strategisch. Von Heinrich Mann übernimmt Wolfgang Staudte einen Großteil des Figurenpersonals, der Szenengestaltung und der Dialoge. Jedoch setzt er einen eigenen inhaltlichen Schwerpunkt und schafft eine neue visuelle Dramatik. Jenseits einer bestimmten historischen Situation geht es Wolfgang Staudte um die Komplexität von Macht, Ehre und das Verhältnis des Einzelnen zu bestimmten gesellschaftlichen Teilgruppen. Er will entlarven und aufklären – mit dem unterhaltsamen Mittel der Satire.

### »Der Untertan« im Kalten Krieg

Diese Komplexität soziologischer, psychologischer, ästhetischer und historischer Zusammenhänge interessierte die ersten Zuschauer bei der Premiere wenig. Vielmehr geriet der Film zwischen die Fronten der mit ideologischen Scheuklappen versehenen Filmkritik und Ministerialbürokratie.
Die »National-Zeitung« war sich angesichts der Premiere sicher: »Das schier Unmögliche wurde

erreicht: eine Filmhandlung, die dem meisterhaften Original gerecht wird.«29 Auch das »Thüringer Tageblatt« diagnostiziert, der Film habe den Roman »unverfälscht«30 übertragen, und manche Zuschauer lassen sich sogar zu dem Vergleich hinreißen, man habe den Eindruck, »als wenn ›Der Untertan‹ dem Zuschauer mit Hilfe eines herrlichen Bilderbuches vorgelesen werde«31. Schließlich stimmte auch der Kritiker Gustav Leuteritz in diesen Chor mit ein: »Die Regie hat sich in ihrem Drehbuch eng an den Roman Heinrich Manns gehalten.«32

In den Augen der Kritiker war Heinrich Mann »der große fortschrittliche Schriftsteller«33 und »unübertroffene Romancier des wilhelminischen Kaiserreiches«34, der mit dem »Untertan« ein »großes realistisches Werk«35 geschrieben habe, das »weltbekannt«36 sei. Lediglich mit Blick auf die Darstellung der Arbeiterklasse (Napoleon Fischer) und des fortschrittlichen Bürgertums (Buck) wird dem Roman eine »Schwäche«37 zugesprochen.

Dass Wolfgang Staudte mit seiner Sujetwahl einen ›Nerv der Zeit‹ traf, beweist eine in der »National-Zeitung« (DDR) begonnene Artikelserie, »in der die grundsätzlichen Fragen der Entwicklung von Untertanennaturen aufgeworfen und behandelt werden.«38

Bei genauerem Hinsehen wird deutlich, dass es sich bei den Überlegungen zu den Mentalitäten des Kaiserreichs vor allem um eine Diskussion der zeitgenössischen Zustände handelt: »Denn seit fünf Jahren beginnt nämlich in Deutschland eine neue Schule zu wachsen, die ihrerseits den Lehrstoff kritisch erarbeitet, ehe er an den Schüler herangetragen wird, und andrerseits dem Schüler alle Möglichkeiten gibt, der Wahrheit des Erlernten nachzuspüren. Wenn diese jungen Menschen später ins Leben hinausgehen, werden sie volle Gelegenheit finden, ihr Wissen und das als richtig Erkannte in die Praxis umzusetzen.«39

Gleichwohl richtete sich auch der Blick auf die wichtigste Frage: »Wie können wir in Zukunft verhindern, daß wieder Menschen nach unten treten und nach oben katzbuckeln und die Menschenwürde mißachten?«40

Einig waren sich die Kritiker Ostdeutschlands, dass der aufklärerische und analytische Charakter des Films genau zur richtigen

In das Visier der BRD-Zensoren geriet die Szene, in der ein Fabrikarbeiter erschossen wird.

»Die Gefahr ist akut, daß er auf beiden Seiten unverstanden bleibt oder mißdeutet wird. Es soll uns ein Trost sein, daß auch ›Der Untertan‹ eines Tages jenseits der aktuellen politischen Vorurteile Gegenstand eines sachlichen Gesprächs sein wird. Man wird dann zur Erkenntnis fähig sein, daß Wolfgang Staudte im Jahre 1951 nicht als Knecht Grotewohls russischen Vorbildern nachstümperte, sondern mit der Fackel der Leidenschaft eine letzte Bastion der Individualität zu erhellen versuchte.« (r.b., Die Tat, 1951)

*In der BRD verboten, feierte der Film in Europa einen Triumphzug.*

Zeit kam. Jedenfalls war mit der offensichtlichen Gegenwartsdiagnose ein wesentlicher Bestandteil der deutsch-deutschen Auseinandersetzung im Kalten Krieg eröffnet: »Es ist mehr als ein glücklicher Zufall, daß der Film nach diesem Roman (...) just in diesen Wochen vor die deutschen Zuschauer kommt, als sich in Westdeutschland dieselben Kreise zu neuem Unheil unter dem Schutze der Amerikaner und ihrer Satelliten rüsten können.«[41]

Auch die »Berliner Zeitung« stellt fest: »Dieser DEFA-Film kommt im rechten Augenblick: politisch und künstlerisch.«[42] Denn es gäbe eine unabweisbare »Parallele zur Wiedergeburt des Imperialismus heute in den westdeutschen Gebieten.«[43]

Einig sind sich die Kritiker auch hinsichtlich der mangelhaften Repräsentation des gesamten gesellschaftlichen Spektrums mit Blick auf die Arbeiterklasse. Darüber hinaus habe Staudte etwa die Person des ›Alten Bucks‹ »zu kurz kommen lassen.«[44] Es sei zudem eine »große Schwäche«[45] des Films, dass die »klassenbewussten Kräfte in der Sozialdemokratischen Partei (...) nur angedeutet«[46] oder in der Person Napoleon Fischers unbefriedigend gezeichnet werden.

Auffällig ist jedoch, dass die positive Zeichnung sozialistischer Identifikationsfiguren Teil eines neuen ästhetischen Programms war, das sich zu dieser Zeit im Zuge des paradigmatischen Wechsels vom »kritischen« zum »sozialistischen« Realismus manifestierte. Im Rahmen dieses Paradigmenwechsels ist auch die wiederkehrende Kritik an den formalen Umsetzungen Wolfgang Staudtes zu verstehen, die in einigen zeitgenössischen Filmbesprechungen laut wurde.

**Das Zensurverfahren und Aufführungsverbot in der Bundesrepublik Deutschland**

War »Der Untertan« im Osten erwünscht, so war er im Westen verboten. Quer durch die bürgerlichen westdeutschen Regierungsparteien war in den 1950er

Jahren die Bereitschaft zu punktuellen Einschnitten in die verfassungsmäßig garantierte Meinungsfreiheit vorhanden.[47] Ursache waren die Angst vor dem Kommunismus, einer libertären Sexualität und einem kritischen Umgang mit der Vergangenheit. Vor allem im Bereich des Films wurde eine politische Handlungsbereitschaft evident, die auch vor verfassungsrechtlich fragwürdigen Konstruktionen nicht zurückschreckte.

Mit Beschluss vom 5. Januar 1953 wurde – angesiedelt im Bundesministerium des Inneren – ein Ausschuss tätig[48], der den künftigen Filmaustausch mit der Ostzone regeln sollte: Der Interministerielle Prüfausschuss – West-Ost-Filmaustausch.[49] Es ist eine politisch gewollte und legitimierte Zensurinstanz, die ein entsprechendes Pendant auch in der am 18. Juli 1949 gegründeten Freiwilligen Selbstkontrolle Film (FSK) fand. Über diese beiden Institutionen und über die Vergabe von Ausfallbürgschaften zur Vorfinanzierung von Filmprojekten hat die Bundesregierung direkt und vor Produktionsbeginn nicht nur in die Stoffgestaltung, sondern darüber hinaus in die personelle Besetzung künstlerischer und technischer Positionen eingegriffen. Dem Interministeriellen Prüfausschuss wurden Filme aus dem Osten vorgelegt, die für eine gewerbliche Auswertung und im Rahmen von internationalen Veranstaltungen der Film-Klubs zur unentgeltlichen Vorführung vorgesehen waren. Voraussetzung für diesen Tausch war die Vorführung westlicher Filme im ostzonalen Kino. Inhaltlich gerieten Filme in das Visier der offiziellen Prüfpraxis – dies gilt für die FSK und die Vergabe der Ausfallbürgschaften –, die positive Darstellungen kommunistischer Politik in der Weimarer Republik zeigten, Auseinandersetzungen mit der NS-Vergangenheit Deutschlands, Schilderung der damaligen Verbrechen und Hinweise auf personelle Kontinuitäten bis in die Gegenwart thematisierten, sich negativ

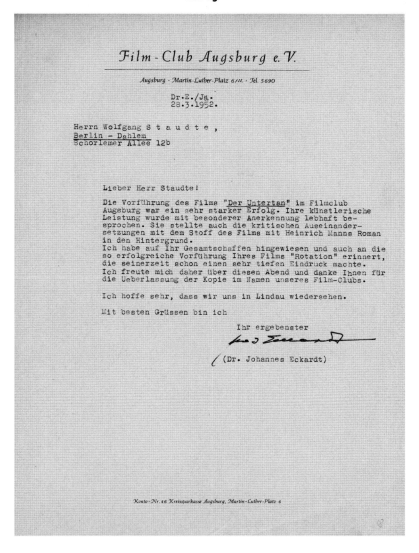

Der Film-Club Augsburg bedankt sich für die Aufführung.

## Essay

**Ein Wolfgang-Staudte-Film**

Nach dem gleichnamigen Roman von Heinrich Mann

**Drehbuch:** Wolfgang Staudte/Fritz Staudte
**Kamera:** Robert Baberske
**Bauten:** Erich Zander/Karl Schneider
**Musik:** Horst-Hanns Sieber
**Ton:** Erich Schmidt
**Schnitt:** Johanna Rosinski
**Kostüme:** Walter Schulze-Mittendorf
**Masken:** Alois Strasser/Willi Rotoff
**Produktionsleitung:** Willi Teichmann
**Produktion:** DEFA

**Uraufführung:** 31. August 1951, Berlin, Babylon, DEFA-Filmtheater Kastanienallee
**Fassung Ostdeutschland/ Europa:** 2963 m, 109 min
**Prüfung/Zensur:** Amt für Information der DDR: 15. August 1951; Alliierte Militärzensur (DE): November 1956
**Fassung Westdeutschland:** Länge 2635 m, 96 min
**Prüfung/Zensur:** FSK-Prüfung (DE): 2. Februar 1957, Nr. 13613 [2. FSK-Prüfung]; FSK-Prüfung (DE): 4. Juni 1984, Nr. 13613 [4. FSK-Prüfung]

Friedrich Gnaß (l.o.)

Ernst Legal (r.o.)

Renate Fischer (u.)

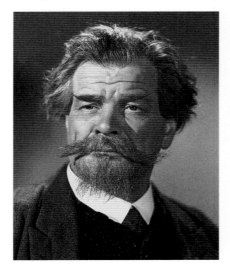

## Essay

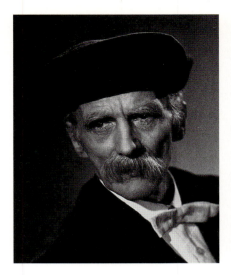

**Besetzung**

Diederich Heßling (der Untertan): Werner Peters; Regierungs-Präsident von Wulkow: Paul Esser; Agnes Göppel: Sabine Thalbach; Ihr Vater: Friedrich Maurer; Guste Daimchen: Renate Fischer; Pastor Zillich: Ernst Legal; Mahlmann: Hans-Georg Laubenthal; Ltn. von Brietzen: Wolfgang Heise; Mutter Heßling: Gertrud Bergmann; Magda Heßling: Emmy Burg; Emmi Heßling: Carola Braunbock; Frau von Wulkow: Blandine Ebinger; Der alte Buck: Eduard von Winterstein; Dr. Wolfgang Buck: Raimund Schelcher; Fabrikant Lauer: Friedrich Richter; Major Kunze: Axel Triebet; Napoleon Fischer: Friedrich Gnaß; Hornung: Heinz Keuneke; Med.-Rat Dr. Nieburger: Georg-August Koch; Dr. Mennicke: Wolfgang Kühne; Dr, Heuteufel: Paul Mederow; Der Landgerichtsdirektor: Arthur Schröder; Amtsgerichtsrat Kühlemann: Fritz Staudte; Warenhausbesitzer Neumann: Richard Landeck; Wiebel: Peter Pefersz; Landgerichtsrat Fritsche: Oskar Höcker; Junger Arbeiter: Kurt-Otto Fritsch; Junge Arbeiterin: Viola Recklies und viele andere.

Arthur Schröder (l.o.)

Raimund Schelcher (r.o.)

Blandine Ebinger (u.)

Essay

Diederich beim Militär. Auch die Wiederaufrüstung in der BRD wurde zum Thema der Filmrezeption des »Untertans«.

»Das sind Bilder von einer Dichte des Ausdrucks, wie man sie im deutschen Film lange nicht gesehen hat.« (Wilfried Berghahn, Frankfurter Hefte, 1952)

zur Bundeswehr äußerten, und in historischen Schilderungen die Sichtweise der jeweils herrschenden gesellschaftlichen Gruppe in Frage stellten.[50]

Eine erste Aufführung im Westen erlebte der Film »Der Untertan« im Jahr 1952 in Fachkreisen (u. a. im Filmclub Augsburg[51] und bei der Filmwoche in Heidelberg),[52] danach ist der Film, während er in Europa wahre Triumphe erlebt, im Westen Deutschlands verboten.

Im Zusammenhang mit der Erstaufführung 1952 erscheint auch die umfangreiche Kritik von Wilfried Berghahn in den »Frankfurter Heften«[53], die – in einer für die westdeutsche Rezeption untypischen Weise – den Film in allen Fragen zum »Meisterwerk« erhebt und von jeglichen ideologischen Tendenzen freispricht und seinen Schöpfer und dessen Filmästhetik unumwunden lobt. Dieser nur begrenzt wahrgenommenen positiven Rezeption steht jedoch die starre Haltung der Bonner Filmzensoren gegenüber. Erstmals wird dem Untersuchungsausschuss der Film »Der Untertan« am 29. November 1954 zusammen mit dem Film »Kein Hüsung« vorgeführt. Zwar vermerkt das Protokoll der folgenden Sitzung die Vorführung der beiden Filme »als Anschauungsmaterial«, jedoch werden anscheinend keine weiteren Beschlüsse gefasst.54

»Der Untertan« beschäftigt den Ausschuss am 14. April 1955 wieder. Unter dem Tagesordnungspunkt VI heißt es: »Referent Weitzmann bittet die Ausschussmitglieder, bis zur nächsten Sitzung zu der Frage Stellung zu nehmen, ob der DEFA-Film ›Der Untertan‹ zur Vorführung in Filmclubs geeignet sei.«55 Zwar ist das Protokoll der nächsten Sitzung nicht überliefert, jedoch sieht ein Protokoll, das ein Jahr später einen ähnlichen Sachverhalt – die Vorführung vor Studentischen Filmklubs im gesamten Bundesgebiet – erörtert, eine Freigabe ohne nochmalige Besichtigung vor, so dass davon auszugehen ist, dass sich die Freigabepraxis des »Untertan« zunächst mit Blick auf ›geschlossene‹ Veranstaltungen geändert hat.56

Dies gilt jedoch nicht für die offizielle Freigabe des Films. Noch in der Sitzung vom 20. April 1956 gilt »Der Untertan« als »z. gewerbl. Auswertung nicht geeignet.«57

Der Filmkaufmann Erich Mehl, Inhaber des I.D.E.A.L.-Filmverleihs, arrangierte Ende 1956 eine einmalige Pressevorführung, um den Druck auf den Ausschuss zu erhöhen. Für diese Zwecke wurde der Film ›präpariert‹, d.h. mit einigen Schnitten versehen. So gelangte er in Westberlin zur Aufführung.58

Der Berliner Radiosender RIAS sah einen »der klarsten und saubersten Filme (…), der einen Großteil der westdeutschen Filmhersteller in einen Gewissenskonflikt mit ihrem eigenen Filmgeschmack bringen müßte.«59 Gelobt wurde die Regie Wolfgang Staudtes, gleichzeitig wurden die vorgenommenen Kürzungen kritisiert: »Er (Wolfgang Staudte) setzte durch, daß dieser Film nicht zu einem Propagandamachwerk der SED wurde. (…) gab nun der Westberliner Presse Gelegenheit, Staudtes Film in einer Fassung zu sehen, bei der 400 Meter geschnitten wurden, wobei einige unwesentliche – bei Auslegung strengster Maßstäbe könnte man sagen, klassenkämpferische – Passagen wegfielen. Bedenklicher aber erscheint es, daß man den Schluß entscheidend verändert hat. Staudte ging über Heinrich Mann hinaus (wenn auch in seinem Sinne) und drehte einen Schluß, bei dem die Denkmalsenthüllung ›Wilhelms des Großen‹ überblendet: Noch steht das Denkmal, aber die Häuser ringsum

Wolfgang Staudte – hier mit Helmut Käutner – sah sich als »gesamtdeutscher Regisseur«. Erst nach der gescheiterten Brecht-Verfilmung »Mutter Courage« (DEFA, 1951) arbeitete er nur noch im Westen.

»Der DEFA-Film ›Der Untertan‹, dessen öffentliche Aufführung in Westdeutschland von Regierungsstellen verboten wurde, fand jetzt in verschiedenen Aufführungen westdeutscher Filmklubs in Göttingen, Minden, Heidelberg, Düsseldorf, Braunschweig, Karlsruhe, Hamburg, Nürnberg, Augsburg und Frankfurt am Main außerordentlich starken Beifall.« (Neues Deutschland, 1952)

## Essay

»Der Untertan« Diederich Heßling alias Werner Peters.

sind Ruinen, vor denen Frauen Steine klopfen, und darüber liegt eine musikalische Untermalung des Horst-Wessel-Liedes.

In der geschnittenen Fassung endet nun der Film mit der Flucht der Einweihungsversammlung vor dem Unwetter, und Diederich Heßling, der ›Untertan‹, steht als einziger auf dem verwüsteten Platz im Regen vor dem Denkmal in devot zusammengeknickter Verbeugung.

Sind wir schon wieder so weit, daß man sich fürchtet, einem von der Regierung eingesetzten Ausschuß in Bonn einen Schluß zu zeigen, in dem Ruinen und Horst-Wessel-Lied als Folge des wilhelminisch-chauvinistischen Zeitalters erscheinen?«[60]

Es scheint, als würde die an diese Filmvorführung angeschlossene Diskussion den Weg zur Freigabe für den Film bereiten. So fragt schließlich die »Berliner Morgenpost« in der Ausgabe vom 3. Oktober 1956: »Warum denn nicht?« Der Filmkaufmann Erich Mehl nahm einen zweiten Anlauf: und diesmal wurde der Film freigegeben. Der Zeitpunkt war – unterstützt durch die publizistische Aktion – klug gewählt, denn mittlerweile war der Interministerielle Prüfausschuss regierungsintern in die Kritik geraten. Publizisten konzedierten zwar, dass auch die Sowjetzone über eine strenge Einfuhrkontrolle verfügte, jedoch wiesen sie darauf hin, dass das »gesetzliche Fundament« dieses westdeutschen Ausschusses »noch keiner Nachprüfung standzuhalten hatte«, sprich eine verfassungsmäßige Kontrolle des Ausschusses noch nicht stattgefunden hatte. Gleichzeitig wurde festgestellt, dass der Ausschuss eigentlich nicht über die rechtlichen Kompetenzen für seine Arbeit verfügte. Anlass für diese Kontrollen waren auch die Nachforschungen eines »Spiegel«-Korrespondenten. »Im Anschluss an die Besichtigung vom 29. X. unterrichtet der Vorsitzende die Ausschußmitglieder über seine Gespräche mit dem Bonner Spiegel-Korrespondenten Graf Nayhauß wegen der Tätigkeit des Ausschusses und der Beurteilung des sowjetzonalen Films ›Der Untertan‹.«[60]

Der Druck auf die Politik wurde größer und in der gleichen Sitzung wurde die nochmalige Vorführung des Films »Der Untertan« angekündigt: »In der Sitzung am 12. November 1956 wird voraussichtlich der sowjetzonale Film ›Der Untertan‹ in geschnittener Fassung vorgeführt werden. Die Ausschußmitglieder sind sich darüber einig, daß eine Entscheidung über den von der Ideal-Film GmbH gestellten Antrag, den Film in der Bundesrepublik gewerblich auszuwerten, erst nach einer Besichtigung des Films in der geschnittenen Fassung möglich sein wird.«[62] Es scheint, als habe man zu diesem Zeitpunkt schon eine politische Lösung – die Freigabe der zensierten Fassung – gefunden.

In dem Protokoll der folgenden Sitzung heißt es unter Punkt VI schließlich nur lapidar und als habe es die Auseinandersetzung nie gegeben: »Im Anschluß daran wurden folgende DEFA-Filme

## Essay

vorgeführt und für eine Freigabe zur gewerblichen Auswertung empfohlen: Der Untertan …«[63]
Nun durften die Zensur des Films und gleichzeitig die Prüfpraxis des Interministeriellen Prüfausschusses auch offiziell hinterfragt werden. Dafür sorgte der bereits aktenkundig gewordene »Spiegel«-Autor, der weniger als eine Woche später, am 21. November, sein »Plädoyer für den Untertan« hielt.
Der nicht namentlich gekennzeichnete Beitrag – vermutlich aber von Graf Nayhauß – greift die Kontrollpolitik der Bundesregierung und die Arbeitsweise des Ausschusses stark an und bedient sich mit Blick auf den Charakter der Verbotspolitik äußerst drastischer Vergleiche: »Der Hinderungsgrund ist ein Abstammungsproblem ähnlicher Art wie die ›nicht-arische‹ Großmutter unlängst vergangener Zeiten. Staudtes ›Untertan‹-Film stammt nämlich nicht aus der Bundesrepublik, sondern aus den ›volkseigenen‹ Ateliers der Defa. Dieser Umstand wurde bis vor wenigen Tagen offenbar als ein schwerwiegender Makel eingeschätzt.«[64]
Nachdem dieser ›Makel‹ für das Kino[65] vorerst beseitigt war, dauerte es noch einige Monate, bis der Film seine westdeutsche Uraufführung erlebte.

### Premiere in der BRD
Die ›zweite‹ Premiere des Films war in den deutschsprachigen Feuilletons (Deutschland, Österreich und Schweiz) ein herausragendes Ereignis. Angeheizt wurde diese Diskussion durch die ostdeutschen Feuilletons, die die Premiere zur weiteren Agitation ausnutzten. Gleichzeitig gerieten die vorgenommenen Kürzungen und Ergänzungen ins Visier der Journalisten.
Leider ist der der Freigabe vorausgehende Schnitt bzw. Zensurvorgang heute nicht mehr rekonstruierbar. Aus den zugänglichen Quellen lässt sich weder der tatsächliche Vorgang noch dessen Zeitpunkt bzw. mögliche Initiatoren bestimmen.
Ralf Schenk weist darauf hin, dass Wolfgang Staudte selbst die Schnitte vorgenommen habe, die den Film um 11 Minuten kürzen.[66] Dabei handelte es sich vermutlich um die Szene, in der der Arbeiter vor dem Haus des Regierungspräsidenten von Wulkow erschossen wird. Darüber hinaus wurde dem Film ein Kommentar vorangeschickt, in dem betont wurde, dass es sich bei dem dargestellten Fall um ein »Einzelschicksal« handele.[67] Da es keine offiziellen Protokolle gab, war man mit Blick auf den Zensurvorgang auf Vermutungen, Andeutungen und gezielte Indiskretionen angewiesen. Über die schien der Autor des »Spiegel«-Artikels zu verfügen, »so sollen sich die Bonner Filmprüfer an folgender Dialogstelle gestoßen haben: ›1848 war ich zum Tode verurteilt, und heute sollen wir uns schon wieder vom Kommiß-Stiefel treten lassen.‹ Mit Mißfallen mögen die Ministerialbeamten auch festgestellt haben, daß sich die sozialdemokratischen Arbeiter (…) untereinander als ›Genossen‹ anreden. Angeblich waren

Typische Situationen als Werbehilfen der Progressfilm.

## Essay

»Wie mit Salzsäure ätzt dieser Film seine Typen und Thesen auf die Leinwand. Es ist die schärfste Satire, die wohl je in Deutschland gedreht wurde, die bitterste und böseste und kälteste (...) und es ist außerdem die filmisch perfekteste. Sie ist, soweit Pamphlete genial sein können, genial. (...) Der Film bringt sich durch die Gefühlskälte um den ›Gewissens-Appell‹.«
(Walter Spies, Hamburger Abendblatt, 1957)

Das westdeutsche Fernsehen verweigerte noch 1961 die Ausstrahlung des »Untertans«: »Unter Berücksichtigung der politischen Situation lehnt der Beirat die Aufführung von Filmen der Ostberliner Defa im (West-)Deutschen Fernsehen ab.«
(»Die erwartete Bestätigung«, Weltbühne, 16. August 1961)

die Herren des Ausschusses der Ansicht, der Untertan-Film enthalte ganz allgemein zuviel Parallelen zur Gegenwart.«[68]

Während in einigen Kritiken zu lesen ist, dass das DEFA-Logo nur sehr kurz erscheint, sprechen andere von einer völligen Auslassung. »Alle Welt weiß, daß Wolfgang Staudte Heinrich Manns ›Untertan‹ bei der DEFA verfilmt hat. Die allzu beflissenen Verfechter der Frontstadtpolitik sprechen in selbst gewählter Arroganz nur von einem ›Ideal-Film im Europa-Verleih‹.«[69]

Forciert durch die Attacken aus dem Osten war die westdeutsche Aufführung ein politisches und publizistisches Ereignis geworden. Die überregionalen und regionalen Zeitungen reagierten mit umfänglichen Besprechungen. Ein einheitlicher Ton und eine einheitliche Bewertung lassen sich nicht feststellen. Geprägt wurde die Auseinandersetzung jedoch deutlich durch die unterschiedliche Bewertung dreier Aspekte: des Verhältnisses in der Darstellung von Geschichte und Gegenwart; des aktuellen Verhältnisses zwischen Ost- und Westdeutschland, der Bewertung von Satire und Realität und damit verknüpft der Frage der Einschätzung ästhetischer Verfahrensweisen.

Kommentare zum Verhältnis von Buch und Film und eine implizite Bewertung des Autors Heinrich Mann finden sich in allen Rezensionen. Während viele Kritiken Buchautor und Filmregisseur auf eine Stufe stellen und von einer kongenialen Umsetzung sprechen, legt Wolfgang Bartsch am Ende seiner Besprechung den westdeutschen Verlegern sogar die Bücher Heinrich Manns an ›das Herz‹.[70]

Einig sind sich die Kritiker im Hinblick auf die formal-ästhetische Anlage des Films, sprechen von einem »Meisterwerk«[71] und halten ihn für den stärksten Film im gesamtdeutschen Bereich seit 1945.[72] Wolfgang Staudte sei »unzweifelhaft einer der größten Regisseure«[73], »einer der begabtesten Filmleute unserer Tage«[74] bzw. »gehört zu den deutschen Regisseuren der ersten Garnitur.«[75]

Selbstverständlich gerät auch das Verhältnis zur Gegenwart ins Visier der Kritiker. So schreibt M. B. in der Zeitung »Neue Tagespost«[77]: »Er enthält keine ›auffälligen Parallelen‹ zur Gegenwart (die Gegenwart müßte sich schämen, wenn es welche gäbe); er gefährdet nicht das staatsbürgerliche Bewußtsein (auf ein staatsbürgerliches Bewußtsein, wie es hier karikiert wird, pfeifen wir); er untergräbt auch nicht die Moral. Er ist nichts als ein guter Film. Und gute Filme sind in Deutschland Mangelware.«[78]

Deutliche Parallelen zur Gegenwart sieht jedoch Perforator: »Und im Untertan zeichnete er den Boden, auf dem aus dem wilhelministischen Byzantinismus heraus die braune Saat aufgehen mußte. Dieser Heßling, den Heinrich Mann beschrieb und den Wolfgang Staudte so erschreckend Gestalt annehmen ließ, mußte zu Hunderttausenden vorhanden sein, um den 30. Januar 1933 zur Tatsache werden zu lassen: Es ist Staudtes Verdienst, daß er Heinrich Manns Roman fortgeführt hat bis zum bitteren Ende von 1945. (...) Staudte schuf nicht den Spiegel einer hinter uns liegenden Epoche, sondern er zeichnet etwas auf, was immer da ist, eine Gefahr, die größer sein kann als die Atombombe. Man geht aus diesem Film hinaus und tritt in den Alltag, in dem man die Warnung auf Schritt und Tritt vor Augen hat.«[79]

Jedoch schlagen die Kritiker des Films mitunter auch starke Töne an und beweisen: Gesehen wird, was man sehen will. »Aber während Mann sich auf die selbstkritische Glossierung von Auswüchsen in der wilhelminischen Zeit beschränkt, will Wolfgang Staudtes DEFA-Film diese Kabarett-Charakteristik einer bestimmten Epoche als eine Art Gleichnis aufgefaßt wissen: der Film schiebt dem Bürgertum alles Böse in die Schuhe und glorifiziert den Arbeiter mit edler Sorgfalt. (...) Politisch verstimmt er durch seine unkorrekte Zeitbezüglichkeit, zumal ihn eine Staatsfirma schuf, deren Vorgesetzte nachgerade eilfertig die Untertanenmanier züchten. Die Chose, mithin, bleibt politisch recht fragwürdig. Doch sind unsere Bundesbürger keineswegs so töricht, diesem Salonkommunismus ideologisch auf den Leim zu kriechen. Man hätte den ›Untertan‹ getrost schon fünf Jahre früher zeigen können.«[80]

Oder wie der Kritiker der »Filmpress«, der Wolfgang Staudte als Schüler Joseph Goebbels ansah, ausführt: »Es ist kaum zu glauben, aber leider wahr, daß aus-

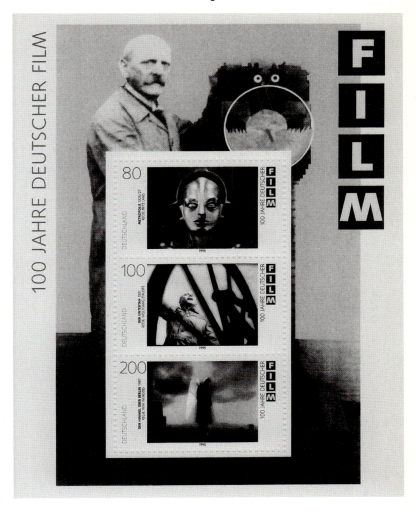

gerechnet aus der deutschen Ostzone die Welt mit einem Film über das Thema ›Der Untertan‹ beliefert wird. Schließlich ist von den ›lächerlichen‹ Offizierstypen jener Zeit wenigstens das eine zu sagen, daß sie zum Unterschied zu den GPU-Offizieren der DEFA-Ära noch nicht wußten, was ein Genickschuß ist. ›Bravo‹, rufen da unsere klugen Filmjournalisten von Heidelberg, und am Wilhelmsplatz in Berlin schlagen sich die neuen Herren vor Vergnügen über diesen gelungenen Coup auf die Schenkel und dekorieren den Regisseur Wolf-

Von Deutschland in die Welt – Ehrungen für große deutsche Filme.

## Essay

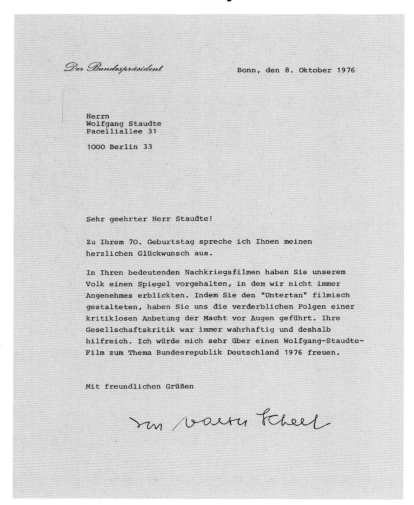

Knapp 20 Jahre später hat »Der Untertan« auch vor der deutschen Politik Gnade gefunden. Der Bundespräsident Walter Scheel gratuliert Wolfgang Staudte zum 70. Geburtstag, drei Jahre später bekommt dieser das Bundesverdienstkreuz.

gang Staudte zum Nationalpreisträger. Der Mann hat diese Auszeichnung im Geiste der Bolschewisierung der Welt in der Tat verdient.«[81]

Eine gänzlich vorurteilsfreie Betrachtung war auch im Jahr 1957 nicht möglich. Immer noch boten der Film und sein Regisseur Anlass zu polemischen Auseinandersetzungen mit der jeweiligen Geschichtsinterpretation der jeweiligen deutschen Staaten.

### Vom »Untertan« in die Gegenwart

Mit dem Ende der heißen Phase des Kalten Krieges findet eine zunehmende Integration von Buch und Film in den gesamtdeutschen Kulturkanon statt. Längst sind die Aufführungen des Films in den ost- und westdeutschen – und seit 1990 gesamtdeutschen – Kinos nicht mehr zählbar, haben die Auflagen des Romans in beiden deutschen Staaten die Millionengrenze überschritten. Erstmals im Jahr 1965 erschienen Heinrich Manns »Gesammelte Werke« in Westdeutschland. Auch im Fernsehen wurde der Film immer wieder gespielt, schließlich auch in der ungekürzten Fassung. Es entstanden weitere Filme nach Werken Heinrich Manns für das Fernsehen in der BRD und DDR. Parallel dazu wurde Heinrich Manns Stoff dramatisiert und seit 1977 auf verschiedenen Bühnen in Deutschland zur Aufführung gebracht.

Roman und Film erlangten den Status von Klassikern bzw. wurden in die Genealogie der Literatur- und Filmgeschichte des 20. Jahrhunderts aufgenommen. Immer wieder wird dem Roman Aktualität und Zeitlosigkeit attestiert. Ende der 1960er Jahre hält Heinrich Böll fest: »Im ›Untertan‹ ist die deutsche Klein- und Mittelstadtgesellschaft bis auf den heutigen Tag erkennbar. Es bedarf nur weniger Veränderungen, um aus diesem scheinbar historischen Roman einen aktuellen zu machen: den Mißbrauch alles ›Nationalen‹, des ›Kirchlichen‹, der Schein-Ideale für eine handfest-irdisch-materielle bürgerliche Interessengemeinschaft, der alles Humanitäre, sozialer Fortschritt, Befrei-

## Essay

ung jeglicher Art verdächtig ist, deren Moral heuchlerisch ist, die kritiklos untertan ist. Ich war erstaunt, als ich den ›Untertan‹ jetzt wieder las, erstaunt und erschrocken: fünfzig Jahre nach seinem Erscheinen erkenne ich immer noch das Zwangsmodell einer untertänigen Gesellschaft.«[82]

Und Alfred Kantorowicz schreibt im Jahr 1980 anlässlich der Aufnahme des Romans in die »Zeit-Bibliothek der 100 Bücher«: »Das Vokabular, dessen sich Heinrich Mann zur Kennzeichnung der Wilhelminischen Epoche bediente, mutet uns 70 Jahre nach dem Entwurf noch und wieder vertraut an.«[83]

Die offizielle Anerkennung erhielt der Film im Jubiläumsjahr der Kinematografie 1995, als er zusammen mit Motiven aus Fritz Langs Stummfilmklassiker »Metropolis« (1928) und Wim Wenders Stadtparabel »Himmel über Berlin« (1987) den Gedenkblock der Bundespost zierte.

Mittlerweile sind die künstlerisch-satirischen Auseinandersetzungen mit Politik und Gesellschaft ein akzeptierter Teil der bundesrepublikanischen Gesellschaft. Dabei hat sich ein breites Spektrum gebildet.

Wendet man sich den modernen Formen der satirischen Auseinandersetzung mit Politik und Gesellschaft zu, fallen einem etwa die Arbeiten des Künstlers Klaus Staeck ein, der seit den 1970er Jahren vor allem über das Plakat und die Postkarte seine kritisch-satirischen Positionen verkündet.

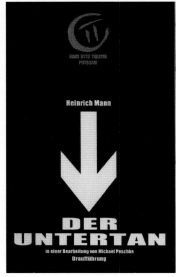

Das letzte populäre Beispiel für einen modernen »Untertan« fand man beim Fernsehsender Pro7. Im Anschluss an die Serie »Stromberg« ließe sich die Frage stellen: Findet sich der moderne Untertan im mittleren Management einer Versicherung, etwa in der »Capitol Versicherung AG« in Köln? Nach dem Vorbild der BBC-Fernsehserie »The Office« präsentiert Christoph Maria Herbst den Protagonisten Bernd Stromberg in drei Staffeln von 2005 bis 2007. Gegen seine Untergebenen mit vorgetäuschter Härte und Konsequenz, gegen seine Vorgesetzten die Fahne in den Wind drehend, entwickelt Stromberg ebenso moderne wie komplexe Verhaltensmuster, angesiedelt zwischen Karrierismus und Inkompetenz, zwischen Sadismus und Scheitern.

Ob der Untertan heute Satire oder Realität, ob aktuelle Erscheinung oder historisches Phänomen ist, das muss am Ende jeder selbst entscheiden.

Auch als Theaterstück machte »Der Untertan« Karriere – wie etwa in der Spielzeit 2002 im Hans Otto Theater, Potsdam.

# Essay

## Anmerkungen

1 Alle Zitate aus »Der Untertan« sind folgender Ausgabe entnommen: Heinrich Mann: Der Untertan. (=Studienausgabe in Einzelbänden. Hg. v. Peter-Paul Schneider). Frankfurt/Main 1991. Vgl. hier auch die umfangreichen Materialien und das Nachwort von Peter-Paul Schneider in der Studienausgabe, S. 479-498. Ebenfalls einführenden Überblickscharakter haben die Artikel von Wißkirchen, Hans: Heinrich Mann Der Untertan. Epochenroman oder Satire? In: Heinrich-Mann-Jahrbuch 11, 1993, S. 53-73. Zum literarhistorischen Kontext vgl. Sprengel, Peter: Kaiser und Untertan. Zur Genese von Heinrich Manns Roman. In: Heinrich-Mann-Jahrbuch 10, 1992, S. 57-74 und Sprengel, Peter: Literatur im Kaiserreich. Studien zur Moderne. Berlin 1993, S. 34-42. Zum Frühwerk: Martin, Ariane: Erotische Politik. Heinrich Manns Frühwerk. Würzburg 1993, S. 176-258 und die Anmerkungen bei Stein, Peter: Heinrich Mann. Stuttgart/Weimar 2002.

2 Zit. nach: Anger, Sigrid (Hg.): Heinrich Mann 1871-1950. Werk und Leben in Dokumenten und Bildern. 2. Aufl. Berlin/Ost 1977, S. 80.

3 Vgl. Arntzen, Helmut: Die Reden Wilhelms II. und Diederich Heßlings. Historisches Dokument und Heinrich Manns Romansatire. In: Literatur für Leser, 1980, S. 1-14.

4 Scheuer, Helmut: »Der Untertan«. In: Interpretationen Romane des 20. Jahrhunderts I. Ditzingen 1993, S. 24.

5 Scheuer, a. a. O., S. 26.

6 Scheuer, a. a. O., S. 26.

7 Vgl. dazu: Katalog: Die Kaiser und die Macht der Medien. Hg. v. Generaldirektion der Stiftung Preußische Schlösser und Gärten Berlin-Brandenburg. Berlin 2005 und Loiperdinger, Martin: »Kaiserbilder«. Wilhelm II. als Filmstar. In: Jung, Uli/Loiperdinger, Martin (Hg.): Geschichte des dokumentarischen Films in Deutschland. Band 1: Kaiserreich 1895-1918. Ditzingen 2006, S. 253-268.

8 Heinrich Mann: Der Untertan, S. 238f.

9 Vgl. dazu Scheuer, a. a. O., S. 45ff. Vgl. zur Gefühlskultur um 1900 auch Scheuer, Helmut/Grisko, Michael (Hg.): Liebe, Lust und Leid. Zur Gefühlskultur um 1900. Kassel 1999.

10 Heinrich Mann: Der Untertan, S. 73f.

11 Emmerich, Wolfgang: Heinrich Mann: »Der Untertan«. 4. Aufl. München 1993, S. 117-160; Betz, Frederick: Der Untertan. Erläuterungen und Dokumente. Ditzingen 1993, dazu die Übersicht in: Heinrich Mann: Der Untertan, S. 644-649.

12 Rubiner, Ludwig. In: Die Aktion. Wochenschrift für Politik, Literatur, Kunst. IV, Jg. 4, Heft 4, 24.1.1914. S. 336-337.

13 Rüttenauer, Benno. In: Das literarische Echo, Jg. 21, Heft 10, 15.2.1919, Sp. 614.

14 Hamecher, Peter: Wilhelms Zeitgenosse. In: Vorwärts, Berlin, 18.12.1918.

15 Mahrholz, Werner: Heinrich Manns »Untertan«. Bemerkungen über Talent und Menschlichkeit. In: Das literarische Echo, 21. Jg., 1918/19, Sp. 518-521.

16 Der faschistische Untertan. Gespräch mit Heinrich Mann. In: Pariser Tageblatt, 4.11.1934.

17 Oschilewski, Walther G.: Satire auf den deutschen Spießbürger. In: Darmstädter Echo, Nr. 37, 27.3.1946.

18 Anonym: Heinrich Mann: Der Untertan. In: Für Dich, Berlin, 1.2.1948.

19 Eine unter dem gleichen Namen im Mitteldeutschen Rundfunk gesendete Hörspielfassung ist im DRA überliefert.

20 Vgl. dazu: »Der Untertan« zu der Sendung im Deutschlandsender. In: Der Rundfunk, Berlin, 20.3.1949 oder Sendung »Das neue Buch: der Untertan von Heinrich Mann« am 23.11.1949.

21 Dr. Falk Harnack an Heinrich Mann. Brief vom 23.9.1949. HMA 2828. Alle folgenden Zitate beziehen sich, soweit nicht anders ausgewiesen, auf diesen Brief.

22 Brief von Heinrich Mann an Falk Harnack vom 24.10.1949, ADK, FHA 535. Besondere Schreibweisen, Groß- und Kleinschreibungen folgen dem Originalmanuskript. Alle weiteren Zitate sind diesem Brief entnommen.

23 Staudte, Wolfgang. Zitiert nach: Nachtexpress, 8.3.1951, -pel, Heinrich Manns »Untertan« wird verfilmt. Wolfgang Staudte in Babelsberg an der Arbeit.

24 Staudte, Wolfgang. In: Heinz Baumert/Hermann Herlinghaus (Hg.): 20 Jahre DEFA-Spielfilm, Berlin 1968, S. 132.

25 Schluss-Abrechnung per 30.11.1951.
26 Staudte, Wolfgang. Zitiert nach: H.O.: »Herrliche Zeiten« in Babelsberg. Wolfgang Staudte dreht den »Untertan« von Heinrich Mann. In: Märkische Union, 7./8.4.1951.
27 Vgl. zu weiteren Kürzungen und Änderungen: Grisko, Michael: Heinrich Mann und der Film. München 2007.
28 Vgl. zum autoritären Charakter im Roman: Vogt, Jochen: Diederich Heßlings autoritärer Charakter. Sozialpsychologisches in Heinrich Manns Der Untertan. In: Arnold, Heinz Ludwig (Hg.): Heinrich Mann. Sonderband Text und Kritik. München 1971, S. 58-69.
29 Hofmann, H.: An uns ist die Entscheidung! Der in Karlsbad preisgekrönte DEFA-Film »Der Untertan« in Berlin erstaufgeführt. In: National-Zeitung, 1.9.1951.
30 H. W.: »Der Untertan«. Durchbruch zum neuen Filmschaffen. Zur Thüringer Erstaufführung des neuen DEFA-Filmes. In: Thüringer Tageblatt, Weimar, 15.9.1951.
31 Franke, Uwe (Leserbrief): Ein Film mahnt zum Kampf gegen Militarismus, Faschismus und Krieg. Leser schreiben ihre Gedanken über den Film »Der Untertan«. In: Volksstimme, Magdeburg, 16.9.1951.
32 Leuteritz, Gustav: Verfilmter Irrweg des wilhelminischen Deutschland. In: Tägliche Rundschau, 4.9.1951.
33 Nn: Untertan – wie vorgestern. Ein Film kam zur rechten Zeit. In: Deutsche Woche, 11.19.1951.
34 -s.: Komödianten einer untergehenden Weltordnung. »Der Untertan«, ein großer Erfolg der DEFA. In: Märkische Volksstimme, Potsdam, 8.9.1951.
35 Leuteritz, a. a. O.
36 SZ: »Der Untertan«. Einer der besten Filme der DEFA-Produktion. In: Sächsische Zeitung, Dresden, 8.9.1951.
37 Joho, Wolfgang: Der Untertan ist nicht ausgestorben. Zu dem neuen DEFA-Film »Der Untertan«. In: Sonntag, 9.9.1951.
38 Norbert: Warum: »Untertan-Diskussion«? In: National-Zeitung, 23.9.1951. Die vollständige Reihe konnte bislang nicht ermittelt werden; Dr. Berthold: Alte Burschenherrlichkeit … »Untertanengeist aus Bier, Kommersbuch und Mädchensehnsucht/ Fortsetzung unserer Diskussion. In: National-Zeitung, 26.9.1951; Dr. Berthold: »Diederich umwand sogar den Rohrstock«. Der Untertan in der Schule – die Schule der Untertanen. In: National-Zeitung, 11.9.1951; Dr. G. Hermann: »Mach einen Diener, mein Junge!« Der Untertan in der untertänigen Gesellschaft/Fortsetzung unserer Diskussion. In: National-Zeitung, 11.10.1951.
39 Dr. Berthold: »Diederich umwand sogar den Rohrstock«. Der Untertan in der Schule – die Schule der Untertanen. In: National-Zeitung, 11.9.1951.
40 Norbert: Warum »Untertan«-Diskussion? In: National-Zeitung, 23.9.1951.
41 Nn: Untertan – wie vorgestern. Ein Film kam zur rechten Zeit. In: Deutsche Woche, 11.9.1951.
42 Ihering, Herbert: »Der Untertan«. Berliner Zeitung, 4.9.1951. Vgl. auch: Joho, a. a. O.
43 Leuteritz, a. a. O.
44 Leuteritz, a. a. O.
45 Ie: Lebenslauf eines wildgewordenen Spießers. Heinrich Manns »Der Untertan« als Film ab Freitag in Magdeburg. In: Volksstimme, Magdeburg, 7.9.1951.
46 Kronenthal, Walter: Ein Film aus deutscher Vergangenheit. In: Leipziger Volkszeitung, 21.9.1951.
47 Vgl. dazu die Ergebnisse von Buchloh, Stefan: »Pervers, jugendgefährdend, staatsfeindlich«. Zensur in der Ära Adenauer als Spiegel des gesellschaftlichen Klimas. Frankfurt a.M./New York 2002.
48 Gearbeitet hat er bis 1967. In dieser Zeit wurden unter dem Deckmantel der wirtschaftlichen Zusammenarbeit 3180 Filme aus dem Osten begutachtet und immerhin 130 ohne weitere Begründung in geheimen Sitzungen verboten.
49 Die folgende Rekonstruktion beruht auf zugänglichen Briefwechseln und Kurzprotokollen aus dem Bundesarchiv Koblenz. Aus der Korrespondenz wird deutlich, dass vielfach ausführliche Protokolle für den internen Gebrauch existierten, die nicht überliefert sind. Aus den Protokollen selbst geht nur das Ergebnis hervor, in wenigen Fällen lässt sich ein Diskussionsverlauf rekonstruieren bzw. wird eine inhaltliche Begründung für die jeweilige Ablehnung oder Bewilligung angeführt. In vielen Fällen muss davon ausgegangen werden, dass die Mitglieder des Gremiums die zu begut-

## Essay

achtenden Filme nicht vollständig gesehen haben.

50 Buchloh, a.a.O., S. 233f.

51 Brief vom 28.3.1952, Filmclub Augsburg e.V. (Dr. Johannes Eckardt) an Wolfgang Staudte. SDK 4.3-80148-0 Untertan 2.

52 Ohne Namen: »Der Untertan« in Westdeutschland weiter erfolgreich. In: Neues Deutschland, 2.4.1952: »Der DEFA-Film ›Der Untertan‹, dessen öffentliche Aufführung in Westdeutschland von Regierungsstellen verboten wurde, fand jetzt in verschiedenen Aufführungen westdeutscher Filmklubs in Göttingen, Minden, Heidelberg, Düsseldorf, Braunschweig, Karlsruhe, Hamburg, Nürnberg, Augsburg und Frankfurt am Main außerordentlich starken Beifall.« Vgl. Ohne Namen: »Untertan«-Erfolg in Hamburg. In: National-Zeitung, 23.3.1952; -wo: »Der Untertan« als Film. In: Norddeutsche Zeitung, 15.9.1951; Ohne Namen: »Der Untertan« (Bildbericht). »Ein Film Wolfgang Staudtes nach dem Roman von Heinrich Mann darf in Westdeutschland nicht aufgeführt werden. Filmschaffende mußten ihn sich in Heidelberg nachts hinter verschlossenen Türen ansehen. Warum hat Bonn Angst vor diesem Film?

Weil er den Nationalismus, den Chauvinismus und das deutsche Herrenmenschentum anprangert. Das will man ja gerade wieder. Rosszüchter, Soldatenbünde, faschistische Generäle und Orden gibt es schon. In der Deutschen Demokratischen Republik läuft der Film mit großem Erfolg. Allein im demokratischen Sektor von Berlin sahen ihn mehr als 75.300 Besucher in zwölf Tagen.

Warum konnte der Film bei uns gedreht werden? Warum hat er eine so große Besucherzahl?

Weil die Regierung der Deutschen Demokratischen Republik die Kunst fördert und unterstützt, die zum Frieden und zur Demokratie erzieht. Der Film ist deshalb so gut besucht, weil die Werktätigen bei uns die Abrechnung mit der reaktionären deutschen Vergangenheit begrüßen – ebenso wie es die westdeutschen Patrioten zweifellos tun würden – und weil er ein hohes künstlerisches Niveau hat. Jenes Niveau, das in der Kunst nur durch fortschrittliche Inhalte geschaffen werden kann. Unterdrückung fortschrittlicher deutscher Filme hat nichts mit Freiheit und Demokratie zu tun. Die Unterdrückung beginnt, wenn man sie verbieten will. Die deutschen Filmschaffenden müssen sich an einen Tisch setzen, um das zu verhindern. Der gesamtdeutsche Filmaustausch muß endlich geschaffen werden.«

53 Berghahn, Wilfried: Der Untertan. In: Frankfurter Hefte, 9.9.1952, S. 712-714, hier S. 712 und 714.

54 Vgl. Bundesministerium für Wirtschaft. Kurzprotokoll vom 30.11.1954 über die Sitzung vom 29.11.1954, S.1.

55 Vgl. Bundesministerium für Wirtschaft. Kurzprotokoll vom 18.4.1955 über die Sitzung vom 14.4.1955, S. 3.

56 Vgl. Bundesministerium für Wirtschaft. Kurzprotokoll vom 13.12.1955 über die Sitzung vom 9.12.1955, S.3f. In einem »Verzeichnis der dem Interministeriellen Prüfausschuss für Ost/West-Filmfragen vorgeführten Filme wird Der Untertan als Nummer 68 geführt, zugelassen in der Sitzung vom 9.12.1955 zur Vorführung vor Filmclubs.«

57 »Verzeichnis der dem Interministeriellen Prüfausschuss für Ost/West-Filmfragen vorgeführten Filme«, Nr. 109.

58 Vgl. dazu: Plädoyer für den Untertan. In: Spiegel, 21.11.1956, S. 59-61, hier S. 60.

59 Vgl. dazu: Plädoyer für den Untertan, a.a.O.

60 Hamann, Edith: Der beschnittene Untertan. In: Nachtdepesche, 3.10.1956; siehe auch: Der neue Film, 18.3.1956.

61 Bundesministerium für Wirtschaft. Kurzprotokoll vom 13.11.1956 über die Sitzung vom 12.11.1956, S. 2.

62 Bundesministerium für Wirtschaft. Kurzprotokoll vom 30.10.1956, a.a.O.

63 Bundesministerium für Wirtschaft. Kurzprotokoll vom 30.10.1956, a.a.O.

64 Plädoyer für den Untertan, a.a.O.

65 Mit dem Ende des Zensurverfahrens und der gekürzten Erstaufführung war jedoch die Zensurdebatte noch nicht beendet. Noch einmal brandete sie kurz nach dem Mauerbau im Jahr 1961 auf, als über die Ausstrahlung von DEFA-Filmen im westdeutschen Fernsehen diskutiert wurde. In der »Weltbühne« vom 16. August heißt es unter der Überschrift »Die erwartete Bestätigung« dazu: »Betrifft Uraufführung im Westdeutschen Fernsehen, Film lief, Beschluß kam danach, fand in Frankfurt eine Sitzung des Programmbeirats des Westdeutschen Fernsehens statt. Er faßte einen

Beschluß, den wir hier im Wortlaut wiedergeben: Unter Berücksichtigung der politischen Situation lehnt der Beirat die Aufführung von Filmen der Ostberliner Defa im (West-)Deutschen Fernsehen ab.«

66 Leider finden sich hier keine weiteren Belege.

67 Leider ist von der deutschen Uraufführungsfassung keine Kopie mehr vorhanden, so dass diese Angaben hauptsächlich aus den Besprechungen und weiteren Sekundärzeugnissen rekonstruiert werden müssen, die jedoch über einige allgemeine Beschreibungen keine weiteren Präszisierungen enthalten. Hier nach Fiedler, Werner: Marionetten statt Menschen. ›Der Untertan‹ in der Filmbühne Wien. In: Der Tag, Berlin, 24.3.1957.

68 Aus der Zentralpresseabteilung der Europa Filmverleih GmbH. Plädoyer für den Untertan (Masch. Manuskript, unpag.), S. 4. SDK 4.3-80148-0 Untertan 2.

69 NZ: Selbstgewählte Ignoranz. In: National-Zeitung, 26.3.1957.

70 So etwa Fjedor Stepun: »Er (Heinrich Mann) leidet an allem, was deutsch ist. Am deutschen Staat, an der deutschen Geschichte, natürlich an Polizei und Heer und Justiz und an den schrecklichen Wesen, die dieses Land bevölkern. (...) Nun gibt es Werke, die in der Pornographie deutlicher, als Karikatur platzender und in ihrer höhnischen Melodie noch schärfer geschrieben sind. Aber es gibt wenige, die sich durch so schlechten Geschmack selbst widerlegen.« Stepun, Fjeodor: Der Untertan im Zerrspiegel. In: Schwaben-Express, 13.3.1957.

71 Schlegel, Hans: Preußisches Panoptikum: Der Untertan. In: Süddeutsche Zeitung, 11.3.1957.

72 K.F.: Zerrspiegel – aber großer Film. In: Schwäbische Donau-Zeitung, 14.3.1957.

73 Schlegel, a.a.O.

74 Borgwa, Annemarie: Heinrich Manns »Untertan« als Filmheld. In: Die Rheinpfalz, 12.3.1957.

75 Spies, Walter: Diederich war ein Untertan. Nach fünf Jahren in Westdeutschland; »Der Untertan«, ein Film nach dem Roman von Heinrich Mann. In: Hamburger Abendblatt, 9./10.3.1957.

76 Schlegel, a.a.O.

77 Vgl. z.B. auch: Essener Lokalanzeiger, 18.5.1957: »Was durch satirische Darstellung gewisser Wesenszüge ein Gesundbad für uns Deutsche hätte sein können, wird so ein haßvoller Gesang auf das Deutschtum schlechthin. Zudem schießt der Film ins Leere. Der dargestellte Typ ist im Feuer zweier Kriege endgültig untergegangen. Es mag hier und da noch Einzelexemplare geben. Das Volk im allgemeinen aber, der Mann der Straße, du und ich, wir werden es immer ablehnen, in diesem Diederich Heßling unser Spiegelbild, viel weniger unser Ebenbild zu erkennen. Wie Wolfgang Staudte den Film gemacht hat, ist geradezu virtuose Beherrschung aller filmischen Mittel. Mit welch neuartigen und immer wieder überraschenden Effekten die Kamera arbeitet, ist erstaunlich, die schauspielerischen Leistungen, angefangen von Werner Peters als Untertan, sind durchweg hervorragend. Der Film als Verfilmung eines Romans für sich betrachtet, ist zweifellos eine ganz große Leistung. Zu seinem Inhalt gilt es alle Vorbehalte anzumelden.«

78 M.B.: »Radfahrer« und dunkler Ehrenmann. Wolfgang Staudtes »Untertan« – eine brillante Film-Satire. In: Neue Tagespost, 16.3.1957.

79 Perforator (wahrscheinlich: Albert Schneider): Wolfgang Staudte zwischen zwei Filmen (zu »Rose Bernd« und »Der Untertan«). In: Deutsche Woche, 17.4.1957.

80 Hebecker, K.: Kritisch beleuchtet. Der Untertan. In: Der neue Film, 18.3.1956.

81 Anonym: Filmpress, Nr. 45, 1.12.1951, S. 3-4.

82 Böll, Heinrich: Bis zu mir reichende Wirkungen. In: Akzente, 10. Jg. 1969, S. 403-407.

83 Kantorowicz, Alfred: Heinrich Mann: Der Untertan. In: Raddatz, Fritz J. (Hg.): Zeit-Bibliothek der 100 Bücher. Frankfurt/Main 1980, S. 337.

> Abbildungen

## Abbildungen

Diederich Heßling vor dem Geschäft des kaiserlichen Hoffriseurs François Haby. Nun trägt er den Bart des Kaisers, Zeichen seiner treudeutschen Gesinnung. Im Film fehlt diese Einstellung. Wolfgang Staudte verzichtete auf alle geplanten realhistorischen, d.h. konkreten und namentlichen Bezüge zum Kaiserreich. Den Bart trägt der Untertan im Film trotzdem.

Auch die Szene mit Mahlmann im Varieté fällt dem Schnitt zum Opfer. Im Film gibt es nur das politische Kabarett, in dem der Offizier durch die Intonation des Liedes die Bezüge zum Nationalsozialismus herstellte.

## Abbildungen

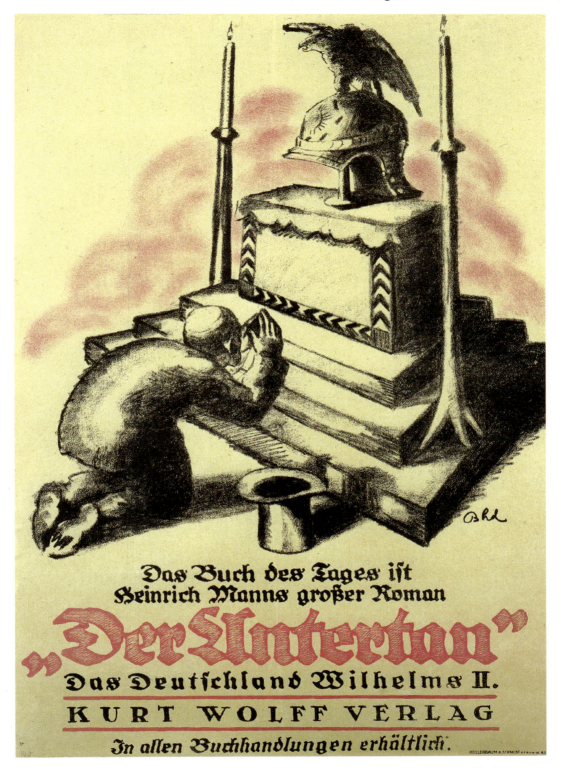

Nach dem Abbruch des Vorabdrucks 1914, einer russischen Ausgabe von 1915 und dem in wenigen Exemplaren hergestellten Privatdruck konnte Heinrich Manns Roman erstmalig nach Ende des 1. Weltkriegs im Kurt Wolff Verlag erscheinen. Das Plakat von Walter Lucius bringt den Götzendienst des kaisertreuen Untertans bildlich auf den Punkt.

Abbildungen

Bereits 1916 lag der Roman in einem ledergebundenen Privatdruck vor. Heinrich Mann nahm in diesem noch zahlreiche Korrekturen vor. Die Erstauflage von 1918 erschien in einer Auflage von 100.000.

# Abbildungen

Plakat zur Uraufführung in der DDR im Jahr 1951.

# Abbildungen

Plakat zur Erstaufführung in der BRD im Jahr 1957. Das Logo der DEFA fehlt, wie auch im Vorspann der damals zensierten und gekürzten Filmfassung.

Abbildungen

Plakat zur Aufführung in der BRD (o.J.). Nun durfte das Logo der DEFA erscheinen, mit Freigabestempel der Freiwilligen Selbstkontrolle Film (FSK).

## Abbildungen

Die Kostümstudien von Walter Schulze-Mittendorf zeigen die in den jeweiligen Einstellungen benötigten Kostüme. Den Angaben kann man die Kombination unterschiedlicher Kostümteile entnehmen. Die Planung geht bis in die Feinheiten des Stoffes und der Ausführung mit Accessoires. Die Bleistiftzeichnungen, z. T. Vorzeichnungen in Federtechnik nachgearbeitet, sind überwiegend in Aquarelltechnik koloriert.

Diederich Heßling,
25,3 x 11,2 cm

Diederich Heßling,
Hochzeitsreise,
19,4 x 8,5 cm

Stud[ent] Diederich
Heßling [II.],
27,1 x 13,8 cm

Generaldirektor
Dr. Heßling (Denkmal),
28,9 x 17,3 cm

Abbildungen

Guste,
Hochzeitsreise, Rom,
26,2 x 14,8 cm

Guste Daimchen
im Coupé + ff.,
28,2 x 16,3 cm

Guste, Nachthemd,
26,4 x 12,0 cm

## Abbildungen

Emmi,
Trauerkleid, Straßenkleid,
20,8 x 16,4 cm

Agnes,
Wohnung Göppel [II.],
28,1 x 15,6 cm

Magda
[im] Traueranzug,
28,0 x 15,4 cm

Abbildungen

Mutter Heßling,
Hochzeitskleid,
26,3 x 13,4 cm

Mutter Heßling,
Negligé,
24,5 x 12,9 cm

Mutter Heßling,
21,9 x 13,4 cm

## Abbildungen

Ballett,
Operettenbühne,
27,0 × 14,6 cm

Dunois,
28,9 × 18,2 cm

Mahlmann [II.],
27,7 × 13,8 cm

# Abbildungen

Als architektonische Vorstudien entstanden zahlreiche Bleistift- und Finelinerzeichnungen mit Tusche (29 x 37,2 cm). Die Architekten Erich Zander und Karl Schneider geben nicht nur einen Einblick in das Setdesign des Films, sondern auch erste Hinweise zur Bildauflösung der Szenen.

V.l.n.r.:
1 Kleine Bühne
2 Universitätsaula
3 Kasse
4 Vor einem Vergnügungslokal
5 Café Bauer Unter den Linden
6 Vor der Villa Heßling
7 Studentenbude in Berlin

## Abbildungen

Aquarelle Zander/Schneider

V.l.n.r.:
1 Bei der Mensur
2 Der Kaiser kommt
3 Vor der Schule
4 Maschinensaal, Lumpensaal, Lagerraum der Fa. Heßling
5 Schankstube
6 In der Schule
7 Quirinal Säulengang
8 Aula

# Abbildungen

Aquarelle Zander/Schneider

V.l.n.r.:
1 Leierkastenmann mit Affe
2 Comtoir der Fa. Heßling
3 Hotelzimmer Zürich
4 Salon der Fam. Göppel
5 Mannschaftsraum Kaserne
6 Herrschaftliches Treppenhaus
7 Arbeitszimmer des Herrn Buck
8 Vor der Portierloge/ Bühneneingang

## Abbildungen

Aquarelle Zander/Schneider

V.l.n.r.:
1 Flur im Regierungs-
   gebäude
2 Kirchenkanzel
3 Kantine des Stadttheaters
   Netzig
4 Ordinationszimmer beim
   Sanitätsrat
5 Ratskeller (Restaurant
   Klappsch)
6 Im Vergnügungslokal
7 Arbeitsraum Regierungs-
   gebäude von Wulkow

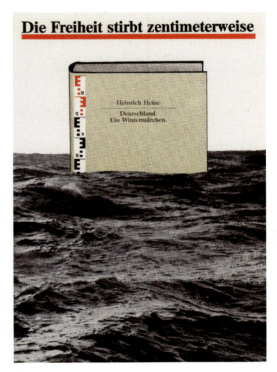

Das Werk des 1938 geborenen Künstlers Klaus Staeck umfasst heute mehr als 300 Plakate. Bekannt wurde er in den 1970er Jahren durch seine satirische Auseinandersetzung mit Kunst und Politik. Demokratie, Meinungsfreiheit, Zensur und die Macht der Kunst und Literatur sind zentrale Themen seiner Arbeit. V.l.n.r.: »Lesen macht dumm«, 1975; »Der Untertan«, 1977; »Der Bücherwurm«, 1978; »Die Freiheit stirbt zentimeterweise«, 1979.

**Abbildungen**

Findet sich der moderne Untertan im mittleren Management einer Versicherung, etwa in der »Capitol Versicherung AG« in Köln? Nach dem Vorbild der BBC-Fernsehserie »The Office« präsentierte Christoph Maria Herbst den Protagonisten Bernd Stromberg. Gegen seine Untergebenen mit vorgetäuschter Härte und Konsequenz, gegen seine Vorgesetzten die Fahne in den Wind drehend, entwickelt die Figur ebenso moderne wie komplexe Verhaltensmuster zwischen Karrierismus und Inkompetenz, zwischen Sadismus und Scheitern.

1 Stromberg telefoniert.
   Stromberg (C. M. Herbst).
   2. Staffel 2005.
   © Oliver Feist/ProSieben.

2 Der Aufstand.
   Ernie (B. I. Mädel); Erika
   (M. Eitner-Acheampong);
   Tanja (D. Staehly); Stromberg (C. M. Herbst).

3 Stromberg bekommt Druck von Wehmeyer.
   Stromberg (C. M. Herbst);
   Ulf (O. K. Wnuk); Ernie
   (B. I. Mädel).

4 Stromberg holt sich die Toastergenehmigung.
   Stromberg (C. M. Herbst);
   Herr Becker (L. Gärtner);
   Herr Wehmeyer (S. Licht).
   2-4: 3. Staffel 2006.
   © Kai Schulz/ProSieben.

> Materialien

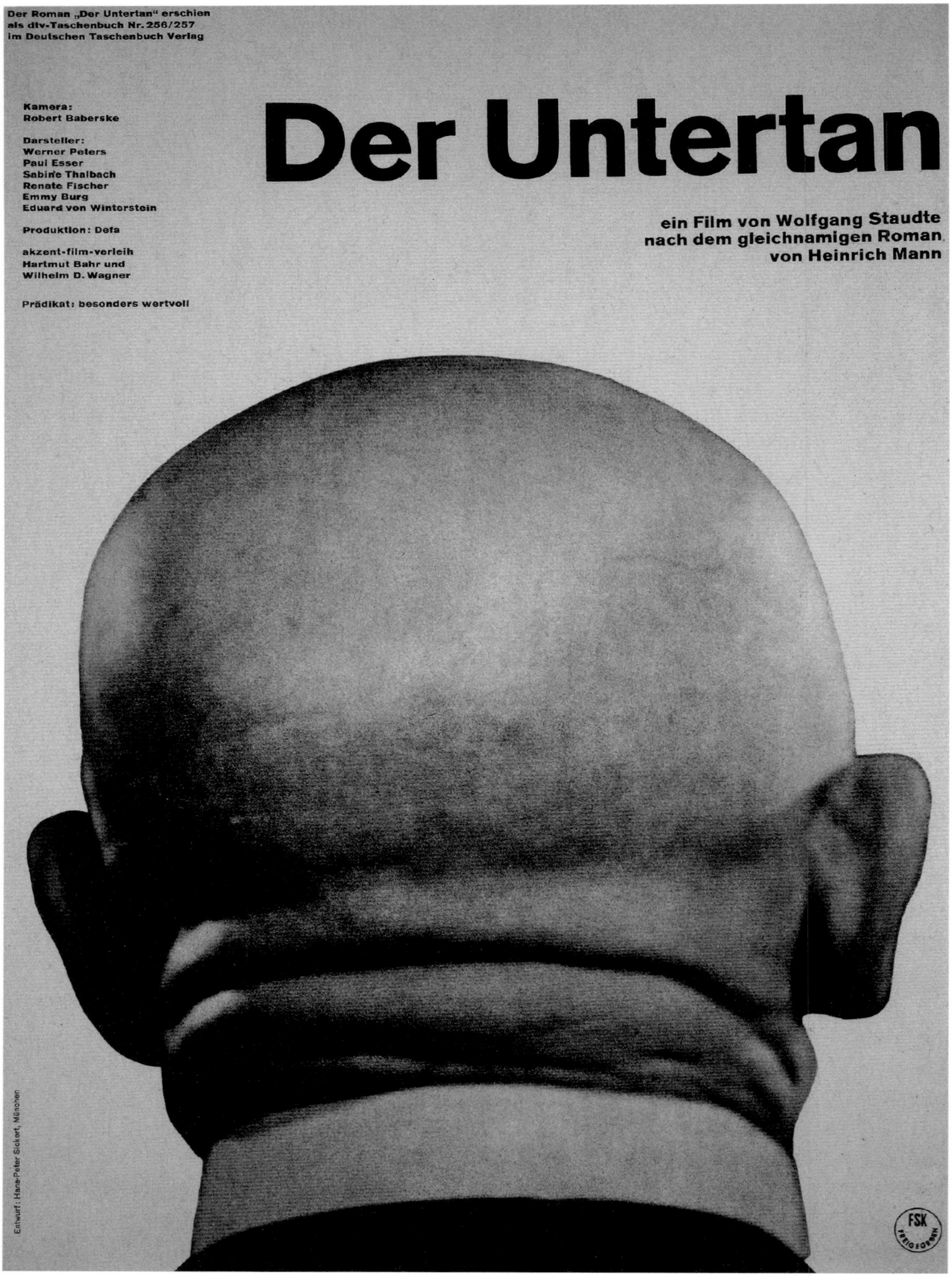

Der Roman „Der Untertan“ erschien
als dtv-Taschenbuch Nr. 256/257
im Deutschen Taschenbuch Verlag
Kamera:
Robert Baberske
Darsteller:
Werner Peters
Paul Esser
Sabine Thalbach
Renate Fischer
Emmy Burg
Eduard von Winterstein
Produktion: Defa
akzent-film-verleih
Hartmut Bahr und
Wilhelm D. Wagner
Prädikat: besonders wertvoll
Der Untertan
ein Film von Wolfgang Staudte
nach dem gleichnamigen Roman
von Heinrich Mann
Entwurf: Hans-Peter Sickert, München
FSK

Kritiker der Weimarer Republik sahen in Heinrich Manns Figuren eine deutliche Nähe zu den gezeichneten Figuren von George Grosz. Auf dem Plakat aus den 1970er Jahren ist es der Nacken von Major Kunze aus dem Kriegerverein, der diese Nähe aufgreift.

**Materialien**

# > Malte Ludin interviewt Wolfgang Staudte (1976)[1]

Wolfgang Staudte (m.) bei den Dreharbeiten zum »Untertan«, zusammen mit Werner Peters (r.) und dem Filmarchitekten Erich Zander (l.).

**Ludin:** Sie haben diesen Film nach einem Buch von Heinrich Mann geschrieben und haben sich, glaube ich, sehr genau an die literarische Vorlage gehalten. Aber ich könnte mir vorstellen, dass Sie eigene Erfahrungen eingearbeitet haben aus Elternhaus und Schule.

**Staudte:** Nein, mein Elternhaus war glücklicherweise nicht so, dass ich da Erfahrungen in dieser Richtung sammeln konnte. Aber mein Vater, der ja an diesem Drehbuch mitgeschrieben hat, hat diese Zeit natürlich noch erlebt, und er hat mich davon überzeugen können, dass das, was Heinrich Mann geschrieben hat, abgesehen davon, dass es eine Satire ist, stimmt.

**Ludin:** Wenn es eine Satire ist, heißt das, dass es dann weniger wahrheitsgemäß ist?

**Staudte:** Nein, das Gegenteil. Ich glaube, dass die Notwendigkeit einer Satire zunächst einmal der Wahrheitsgehalt ist, und zwar sehr genau, sehr exakt. Nur, die Satire betrachtet diesen Wahrheitsgehalt von einem anderen Blickpunkt.

**Ludin:** Von oben oder unten?

**Staudte:** Nein, nicht von oben und unten, sondern einfach von einem kritischen Bewusstsein und mit der Absicht, diejenigen, die angepeilt worden sind, zu irritieren und die anderen, die nicht angepeilt worden sind, sondern aufgeklärt werden sollen, zu belehren.

## Materialien

**Ludin:** Kann man mit der Satire, die ja die Lachmuskeln oft strapaziert, mehr erreichen als mit einer Tragödie? Mehr Aufklärung?

Wolfgang Staudte bei den Aufnahmen der Mensurszene, rechts Werner Peters als Diederich Heßling.

**Staudte:** Zunächst einmal muss man die Satire können, und ich will damit nicht sagen, dass ich sie kann, ich wollte nur damit sagen, Heinrich Mann konnte sie, und ich glaube, es hängt sehr von dem politischen Klima ab, wenn man eine politische Satire machen will. Ich habe es versucht mit einer eigenen Satire, die »Rosen für den Staatsanwalt«. Auch da ist ja der Wahrheitsgehalt hoch, die Situation stimmte. Ja, ich habe diese Situation aus der Tageszeitung entnommen, und ich glaube, in einem solchen Fall war es wahrscheinlich wirksamer, bzw. zu diesem Zeitpunkt sicher wirksamer, dieses Thema als Satire zu verarbeiten als daraus einen ernsten Stoff zu machen. Für mich wäre es gar nicht gut gewesen, weil das dann sehr dicht an »Die Mörder sind unter uns« geraten wäre.

**Ludin:** Aber es gibt ja in vielen Filmen von Ihnen Elemente der Satire. Wenn die Filme auch nicht insgesamt Satiren sind, so gibt es doch satirische Elemente. Ich glaube, das ist ein Mittel, das Ihnen sehr liegt.

**Staudte:** Also, wenn ich das Material dazu habe, freue ich mich sehr darüber, ja.

**Ludin:** Ist Satire nicht auch eine Möglichkeit, Bestimmungen, die Zensurcharakter haben, zu unterlaufen?

**Staudte:** Hmm, ja.

**Ludin:** Der Untertan ist 1951 in der DDR, damals noch SBZ, bei der DEFA gedreht worden. Warum gerade in dieser Zeit eine Auseinandersetzung mit einem Thema, das den Wilhelminismus behandelt?

**Staudte:** Ja also, zunächst einmal behandelt es nicht den Wilhelminismus. Aber dazu muss ich folgendes sagen: Es ist im Grunde der dritte Teil einer Trilogie. Ich fing an mit »Die Mörder sind unter uns«, dann habe ich »Rotation« gemacht, und dann kam »Der Untertan«. »Der Untertan« ist für mich eigentlich eine Fortsetzung meiner anderen beiden Filme; nur, dass es ein historisches Thema war und wurde, hängt einfach mit dem brillanten Roman zusammen, der aber eine bestimmte Kategorie von Menschen genau zeichnet, und zwar so genau zeichnet. Niemand kann behaupten, dass es diese Kategorie von Menschen heutzutage nicht mehr gibt. Also, unaktuell scheint mir das Thema leider nicht zu sein.

**Ludin:** Eigentlich der exemplarische Untertan, den es heute noch gibt.

**Staudte:** Ja, selbstverständlich.

**Ludin:** Der Film ist 1951 in der DDR, wie gesagt, gezeigt worden und erst 1956 in der BRD nach Kürzungen durch einen interministeriellen Ausschuss freigegeben worden. Wie sehen Sie diese verschiedenartige Behandlung des Films in den verschiedenen Teilen Deutschlands?

**Staudte:** Können Sie mich nicht was Leichteres fragen? Es bestätigt eigentlich für mich die Notwendigkeit, diesen Film gemacht zu haben.

**Ludin:** Er ist in der DDR ausgezeichnet worden und in Karlo Vary ist Werner Peters ausgezeichnet worden. In der BRD kamen eigentlich nur Schmähungen.

**Staudte:** Nein, nein, nicht. Ich muss gerecht sein. Es kamen je nach Position wirklich brillante Kritiken, Lobeshymnen und selbstverständlich, und das erwarte ich auch, die ganze Arbeit wäre ja umsonst gewesen, wenn nun etwa die Franz Josef Strauß-Presse sich nun auch wahnsinnig über diesen Film gefreut hätte.

**Ludin:** Dann wäre die Satire wohl …

**Staudte:** … in die Hosen gegangen sozusagen. Ja, sicher.

**Ludin:** Ich will noch darauf hinaus: Irgendjemand hat gesagt, das Zwerchfell zu lockern würde unter Umständen beim Zuschauer sehr viel mehr Gedanken hervorrufen, als wenn man die Seele mit dem Film lockt. Satire lockt das Zwerchfell. Würden Sie sagen, das ist genau der Vorteil der Satire gegenüber anderen Filmgattungen?

**Staudte:** Sie meinen, gegenüber dramatischen Darstellungen.

**Ludin:** Ernste Stoffe.

**Staudte:** Ich würde es nicht sagen. Ich würde sagen, dass in jedem Falle die Vernunft strapaziert

Wolfgang Staudte probt mit Werner Peters seine Einweihungsrede am Denkmal, links die Regieassistentin Hanna Bark.

## Materialien

werden sollte und das Bewusstsein. Ob das über das Zwerchfell geschieht oder die Seele, scheint mir gleichgültig zu sein.

Der Regisseur Wolfgang Staudte genoss seine Popularität.

**Ludin:** Nach dem »Untertan«, der ein großer Erfolg wurde, haben Sie »Gift im Zoo« gedreht, das erste Projekt in der Bundesrepublik. Aber das ging leider nicht zu Ende.

**Staudte:** Ja, das wollte ich grade sagen. Gedreht habe ich es nicht, ich habe es angefangen und vorbereitet. Der Stoff interessierte mich nicht wahnsinnig, aber der Vorgang an sich war mir sehr wichtig. Nun nicht aus politischen Erwägungen, ich wollte nicht nur ein damals ostdeutscher Star-Regisseur sein, sondern ich war der Meinung, dass ich eigentlich die Möglichkeit haben sollte, Ost und West jedenfalls auf anderem Gebiet, auf dem Gebiet der Kultur und des Films, zusammenzubringen. Das war eher der Grund, weshalb ich dieses Regieangebot angenommen habe. Und da passierte dann etwas, das eigentlich, wenn man jetzt zurückdenkt, eine Groteske sein könnte. Sicherlich hat mich dieses Erlebnis dann auch weiterhin stark beeinflusst in meinen weiteren Projekten. Da erschien plötzlich der Produzent und sagte: »Herr Staudte, um Gottes Willen, was haben Sie denn jetzt wieder gemacht?« Ich fragte: »Was habe ich denn gemacht, um Gottes Willen?« »Ja,

Sie haben am 1. Mai in Ost-Berlin vor den Arbeitern eine unheimlich hetzerische Rede gegen die Bundesrepublik gehalten.« Ich sagte: »Wann bitte war das?« Sagt er: »Am 1. Mai.« Da habe ich ihm gesagt: »Passen Sie mal auf, am 1. Mai war ich in Bacharach, und zwar war ich mit vielen internationalen Filmleuten Gast des französischen Botschafters François Ponçet.« »Ja,« sagt er, »dann ist ja alles gut, Gott sei Dank. Können Sie das belegen?« Ich habe ihm geschrieben und kriegte einen bezaubernden Brief zurück, in dem das bestätigt wurde. Die Formulierung war in etwa so: »Wenn wir auch wissen, dass Sie mit dem Teufel unter einer Decke stecken, aber so glauben wir doch nicht, dass Sie zur gleichen Zeit mit unserem Botschafter zu Abend essen können und in derselben Zeit auch eine flammende Rede halten können, wo immer auch.«

Und das war sehr lieb. Na und der Produzent dachte natürlich: »Aha, das hat sich erledigt.« Nichts hatte sich erledigt. Das hatte den Herren in Bonn nicht gereicht, sie mussten weiterbohren. Und dann kamen zwei Typen. Ich würde mich nicht trauen, solche Leute im Film zu zeigen. Die waren in Ledermänteln, wie der kleine Moritz sich seinen Schwarm vorstellt, und die haben gesagt: »Herr Staudte, wir kommen zu Ihnen und wir müssen mit Ihnen reden. Vor allem möchten wir Sie fragen: Der Film »Die Mörder sind unter uns«, den haben Sie doch gemacht.« Ich sage: »Ja, den habe ich gemacht.« »Stehen Sie heute noch zu diesem Film?« Und dann musste ich allerdings sagen: »Wissen Sie, ja. Und seit ich Sie gesehen habe, mehr denn je.« Worauf die beiden verschwanden und der Produzent wiederum zu mir kam und sagte: »Jetzt habe ich ein Telegrammm bekommen vom Innenministerium, darin steht wörtlich … «

Für die, die das nicht so genau wissen, will ich es schnell erklären, dass der Produzent damals finanziell seine Produktion mit einer Bundesbürgschaft absichern musste, und wenn er die Bürgschaft nicht bekam, konnte er nicht produzieren. Und da kam also ein Telegramm vom Bundesinnenministerium, ich glaube der Innenminister hieß zu diesem Zeitpunkt Leer, zu Recht, kann ich nur sagen, also er meinte, die Bundesbürgschaft bekommt der Produzent nur, wenn Staudte erklärt, dass er nie wieder bei der DEFA einen Film machen würde und sich verpflichten würde, in einer oder mehreren deutschen Tageszeitungen einen antikommunistischen Artikel zu schreiben. Es war klar, dass das nur ein müdes Lächeln bei mir erzeugte, und ich brach den Film ab, ich fuhr nach Hause.

Wolfgang Staudte – Starpostkarte.

---

1  Auszug aus dem Interview mit Wolfgang Staudte, das Malte Ludin in seinem Porträt »Kein Untertan« (ZDF, 1976) geführt hat. Typoskript im Filmmuseum Düsseldorf – Nachlass Wolfgang Staudte.

Materialien

Seit 1957 gehört »Der Untertan« als Filmklassiker zum festen Kinorepertoire der Lichtspielhäuser. Gleiches galt für das Fernsehprogramm der DDR. Aber auch bei den westdeutschen Fernsehsendern gehört der Film nicht erst seit der Wiedervereinigung 1990 zum festen Programmbestandteil.

# > Der Heldentod füllt immer noch die Kinokassen (1964)[1]

## Wolfgang Staudte

Ich will nicht viel darüber reden, was ich bisher getan habe oder wie es zu diesem oder jenem Film kam und welche Pläne ich nun für die Zukunft habe. Ich möchte vielmehr über das sprechen, was mich interessiert und was, so hoffe ich, auch Ihr Interesse finden wird. Mir fällt es an und für sich sehr schwer, zu reden. Besonders über Dinge, die mich zutiefst angehen. Dabei gehöre ich einem Typus Mensch an, der lebhaften Anteil nimmt am Alltag, am Leben, am öffentlichen Leben, an der Politik, an seiner Umwelt, der protestiert gegen das, was er für Unrecht hält – oder für Bedrohung. Der sich also mitteilen will, der es aber in der natürlichsten Form, nämlich der direkten Ansprache, der überzeugenden Formulierung oder mitreißenden Rede, nicht kann. Und so wie es mit dem Reden ist, so ist es auch mit dem Schreiben. Ich habe eine hohe Bewunderung für die, die schreiben können, und eine noch höhere für die, die es auch wirklich tun. So bin ich also gewissermaßen aus einem Unvermögen heraus Filmregisseur geworden. Ich bin daher zu der kompliziertesten und langwierigsten Form gelangt, meinen Beitrag zu einer Zeit zu liefern, in der ich lebe. Meine Freunde nennen mich, etwas spöttisch, einen ewigen Weltverbesserer. Vielleicht ist etwas Wahres daran. Aber dann werden Sie erst recht verstehen, wie schwer es ist, die Welt verbessern zu wollen mit dem Gelde von Leuten, die die Welt in Ordnung finden.

Es muß wohl nicht besonders begründet werden, daß ein gewisser Typ des schöpferischen Menschen von anderer Art ist, ja von anderer Art sein muß als beispielsweise jene Herren, die aus dicken Mappen Papiere mit nüchternen Zahlen hervorholen, an denen jeder Idealismus bis zur stillen Resignation gedämpft wird. Ich meine die Herren des Geldes, die Verleiher, die errech-

### Materialien

net haben, daß der mit dem Cellophan des Pazifismus verpackte Kriegsfilm zur Zeit die Kassen füllt. Wer also jetzt mit einem Projekt dieser Art zu ihnen kommt, wird offene Ohren finden und offene Kassen. – Wer aber füllt ihnen denn die Kassen? – Das Publikum! Ist hier nun wieder Resignation am Platze? Bei uns in Deutschland möchte ich sagen – ja. Und in anderen Ländern, finde ich, wird es wohl auch nicht viel anders sein.

Die Hoffnung, daß in der Literatur, der Journalistik oder auch im Film die Rehabilitation der Helden kein Interesse mehr finden würde beim Publikum, diese Hoffnung war schnell dahin. Es kamen Dramen, Filme, Tatsachen-Berichte, in denen den Nazis bestätigt wurde, daß auch sie ihre großen inneren Konflikte hatten. Und für solche Projekte war immer Geld da, denn es brachte immer Geld. Wurde es am Anfang noch mit legitimen künstlerischen Mitteln begonnen, so wird es heute plump über den merkantilen Leisten gehauen. Der Wiedergeburt des Kriegsfilms, der dümmsten Verherrlichung eines scheußlichen Handwerks, sind Tor und Tür geöffnet. Sind aber denn die Initiatoren oder die Finanziers dieser Art von Filmen etwa kriegslüstern oder heldensüchtig? Um Gottes willen, nein. Sie wären die ersten, die ihr Erspartes nehmen würden, um allen Kriegsabenteuern zu entfliehen.

Also ist es das Publikum? Nein. Auch das Publikum ist es natürlich nicht. Auch hier will die Mehrheit nichts mehr erleben von allen Schrecken des Krieges. Und doch haben Filme des Krieges eine magisch-traurige Anziehungskraft auf das Publikum. Vielleicht ist es die banale Vereinfachung des Sterbens. Eine Art populärer Glorifizierung des Todes, dem ja keiner von uns entgehen kann und der, auf der kriegsrauchenden Breitwand betrachtet, noch einen Rest von höherem Sinn und tieferer Bedeutung erhält. In unseren weltanschaulichen Breitengraden hat der Mensch im allgemeinen noch keine befriedigende Erläuterung des eigenen Sterbenmüssens gefunden.

Selbst Gläubigen, scheint mir, sind Aussicht und Hoffnung auf das Paradies nicht so ausreichend, daß sie ihren eigenen Tod mit der erwarteten Gelassenheit hinnehmen und sich nicht doch eine Art weltlicher Verschönerung, also eine Art von irdischer Akklamation für diese unabwendbare Betrübnis wünschen. Und da ist es, das Sterben für etwas. Und hier wiederum, von wenigen Ausnahmen abgesehen, ist es der Heldentod, der sich als sinngebend anbietet. Das Sterben für das Vaterland, für die Kameraden, für den Endsieg oder für was auch immer. Wobei es dramaturgisch natürlich ziemlich bedeutungslos ist, von wem dieses Vaterland gerade regiert wird oder in welcher politischen Verfassung es sich gerade befindet. Ja, es ist noch nicht einmal unbedingt notwendig, daß es das eigene Vaterland ist, auch ist so ein Legionärstod, sagen wir, verwendbarer, ansprechender als – beispielsweise – ein Herzinfarkt oder Altersschwäche. Wenn es zwar auch Sterben bedeutet, so ist es vom Standpunkt der Filmautoren als unbrauchbar zurückzuweisen.

Ja, so ist vielleicht der Kriegsfilm die Simplifikation des Sterbens, so wie der Heimatfilm die Simplifikation des Lebens ist. Oder der Liebe. Und daß jene Menschen, die den größten Teil des Kinopublikums ausmachen, sich nach dem Einfachen sehnen, wenn der Alltag und die Arbeit vorbei sind, wer will es ihnen vorwerfen? Um so mehr, wenn es sich ihnen an jeder Ecke grell und marktschreierisch anbietet.

Aber zwischen denen, die die Filme finanzieren, und denen, die sie sich ansehen, liegen die, die die Filme formen. Die Autoren, die Regisseure, die Schauspieler. Sie könnten sich doch zu einer Union der guten Sache zusammenschließen. Am leichtesten hätten es die Stars. Denn sie sind für Verleiher und Produzenten hochdotierte Handelsware. Sie sollten sich dem Überflüssigen und dem Oberflächlichen verschließen, nicht jeder billigen Spekulation mit ihrem Namen und ihrem Talent Hilfestellung leisten, auch auf die Gefahr hin, daß sie vielleicht an Marktwert etwas riskierten – sie würden dafür eine Legitimation erhalten, die sie wirklich berechtigt, in unserer Gesellschaft eine so bevorzugte Rolle zu spielen. Aber von einigen Ausnahmen abgesehen, sind sie nicht mehr als eine Aktie, und sie nützen ihren Kurs, solange er hält.

Aber – in der ganzen Welt, überall dort, wo Filme produziert werden, gibt es eine Avantgarde von Autoren und Regisseuren, die meine Bewunderung und Achtung haben und denen zuzugehören mein Wunsch ist. Ich spreche jetzt nicht von den großen Künstlern meines Berufes. Denn »künstlerisch« allein ist für mich noch kein Prädikat. Wir alle wissen, daß es künstlerische Filme mit verheerenden Wirkungen gab und gibt. Sondern ich spreche von denen, die von der Verantwortung wissen, die sie, neben allem Beneidenswerten, mit ihrem Beruf übernommen haben. Die NEIN sagen können, wenn sie NEIN meinen, und die bei aller Schwierigkeit nicht müde werden, das Gute zu wollen und es immer wieder – gewissermaßen als Konterbande – an den Zöllnern des schlechten Geschmacks und der Spekulation vorbeischmuggeln.

1 Erstabdruck in: Kotulla, Theo (Hg.): Der Film. Manifeste, Gespräche, Dokumente. Bd. 2. München 1964, S. 193-195.

## Materialien

Auch die Bildende Kunst setzte sich mit Heinrich Manns Roman »Der Untertan« auseinander. Der Grafiker und Maler Karl Erich Müller schuf im Jahr 1951 – wohl anlässlich des Films – eine ganze Serie zum Buch (s. Abb. auf dieser Seite).

Im Aufbau-Verlag erschien schon im Jahr 1949 eine Ausgabe mit Illustrationen von Martin Hänisch. Für die Büchergilde Gutenberg realisierte der Maler Bernd Heisig im Jahr 1992 zahlreiche Farbaquarelle und Tusche-Zeichnungen.

# Kaiserreich und Republik (1919)[1]

## Heinrich Mann

**Der Untertan**

Die Eigenschaften des Untertans sind die, worauf das Reich gegründet war. Sie machen nicht den Deutschen aus, nur den Untertan. Es sind nicht deutsche Eigenschaften, jedes Volk hat sie. Jedes Volk hat sie angewendet, bekämpft, mit anderen vermischt. Die Charaktere der Völker Europas sind überall aus Bestandteilen derselben vielfältigen Rasse zusammengesetzt; Zusammenhänge der Zeit und der Geschichte entscheiden, wie. Glücklich jene, denen nie das Verhängnis ein Reich zusprach wie dieses!

Untertanen und Freie haben nirgends grundsätzlich nacheinander gelebt, immer gab es Übergänge und Mischungen aus Absolutismus und Demokratie. Aber in Deutschland allein wurden sie durch ein falsches und unvollkommenes Geschehen so folgenschwer in einander verwickelt. Die absolutistischen Klassen waren nicht, wie anderswo, als politische Macht beseitigt, bevor neue Mächte sich durchsetzten. Der Adel und das Heer erwiesen sich als lebendig genug, um alles was vordrängte, umzubiegen und sich nutzbar zu machen. Die Demokratie war lebensnotwendig, hier wie überall, und der Bürger, ob er wollte oder nicht, vertrat sie. Hier aber war die Demokratie in der Schuld des Absolutismus und ihm untergeben wie einem Gläubiger. Die Demokratie hatte das Reich nur erstrebt, gemacht hatte es der Absolutismus. Jetzt mochte sie es bereichern, er beutete es aus. Durch seine Gewalttaten an das Ziel gelangt, brauchte sie ihn – gegen die anderen Demokratien.

Bis zum letzten Augenblick hat auf ihr die Schuld an ihn gelastet, und noch lange hat sie empfunden, wie sehr dies drückte. Selbst im höchsten Glanz des Reiches verweigerte ein Teil des Bürgertumes ihm und seiner Sinnesart den Tribut. Noch 1905

## Materialien

stimmte der Freisinn gegen die Vermehrung des Heeres und der Flotte. Sie taten es wohl nur noch aus Überlieferung. Der Durchschnitt gewöhnt sich an Lasten, die vor allem sittlich sind, an Herren, die doch Macht verbürgen, und die der Eitelkeit schmeicheln. Sie starben dahin, die noch um Freiheit wußten. Sie wurden müde, die ohne Wahrheit, ohne Ehrlichkeit der Begriffe, nicht leben mochten. Alles ging seinen Weg. Die Demokratie machte ihre Söhne zu Absolutisten. Sie dachte fortan in Machtgesetzen anstatt nach den Geboten der Vernunft, sie schloß den Bund mit ihrem Widerspruch, – indes der Absolutismus sich um einige bürgerliche Hilfsmittel bereicherte. Er gab vollends auf, was einst Ritterlichkeit hieß, und bekam dafür Geschäftssinn.

Sie machte sich seine vom Geist unangekränkelte Tatkraft zu eigen. Ein herrschender Typ entstand, der nicht Bürger, nicht Junker, aber beides in einem war, ein Wesen mit Sporen und einem Zahlenhirn, ein wandelndes Paradox, begabt, vor nichts zurückschreckend, was vergewaltigtes, ungerades Denken je ersinnen könnte.

Der Bürger dachte in Machtgesetzen. Der Arbeiter begann, es zu lernen. Er war am längsten Mensch geblieben; seine Führer waren noch Demokraten mit freier Stirn, als fast alle anderen sich geduckt und entwürdigt hatten. Ihr Glück war das Sozialistengesetz, es erhielt sie lange wach und in der Ruhelosigkeit des Verfolgten. Die älteren ermüdeten nicht einmal, als Sicherheit aufkam und Erfolge wuchsen. Vorgeblich nur auf materialistisches Denken eingestellt, boten doch gerade sie mit ihrem Glauben dem Zeitalter sein Bestes; und wenn später die Republik noch Menschen und eine Gemeinschaft fand, die, wenigstens bedingt, auf sie vorbereitet waren, die Ehre gehört der Sozialdemokratie allein. Dennoch war dies nicht ihr Zeitalter; es unterstand dem junkerlichen Bürger. Seine übermächtige Geistesart prägte auch den sozialistischen Nachwuchs. Die neuen Führer wie ihr Heer empfanden die grundsätzliche Umbildung der Welt immer entfernter, immer wesenloser. Sie verstrickten sich täglich tiefer in die Sorge, Gewinn zu ziehen aus der Welt, wie sie ist. Ihr Denken war zuletzt kapitalistisch – mit Vorbehalt, oder unwissentlich, oder in der Färbung der Heuchelei; aber kapitalistisch. [...]

Die deutschen Eroberer saßen in den Ländern Europas, lange bevor ihre Heere nachrückten. Sie haben nicht nur durch Unterbieten aus Konkurrenten Todfeinde gemacht, sie haben Europa »friedlich durchdrungen«, wie andere Nationen nur die Kolonien. Sie haben ein weltwirtschaftliches System befolgt, das vor dem Kriege schon Krieg war. Man bringt nicht französische Industrien an sich, nicht das italienische Bankwesen, und überschwemmt nicht England mit Unternehmungen und Menschen, ohne politische Folgen, und schwerlich ohne politische Absichten. Das »Alldeutschtum« ist herangewachsen an der Flotte, diesen Maschinen bürgerlicher Herkunft, für die Produktion von »Weltmacht«. Das »Alldeutschtum« war eine Ausgeburt der Beziehungen des Bürgers zur Gewalt. Es bedeutete wirtschaftlichen Militarismus. Es war die Seele der Epoche. Vergebens nannte man sich konservativ oder liberal, vergebens zierte sich die Regierung: zuletzt geschah immer, was alldeutsch war, – bis an das tödliche Ende.

Es geschah nicht, weil es gut, nicht weil es klug, nicht einmal, weil es wirklich stark gewesen wäre. Es geschah nur, weil es alldeutsch war und demonstrierte. Denn Alldeutschtum war eine sinn- und verantwortungslose Demonstration der Kraft – der metaphysischen Idee der Kraft vielmehr als ihres wirklichen Gehaltes. Alldeutschtum war eine Angelegenheit entarteter Professoren an pflichtvergessenen Lehrstätten des Geistes, aber ihrer bedienten sich militärische und industrielle Nutznießer. Es war alldeutsches Philosophem, in der Politik die Moral »überwunden« zu haben und grundsätzlich nur zu tun, was abscheulich war. [...]

Die Überwindung der Moral gehört nicht eigentlich zur Macht und ihrem Wesen. »Bei strenger Wahrung der Gerechtigkeit,« gestand mit Bedauern Pitt, sei keine Macht zu denken. Die Gerechtigkeit für Schande zu halten, empfahl er nicht. Alte Mächte mit erworbener Weisheit achten endlich doch den Ruf des Gewissens. Diese neue Macht war ruchlos, weil sie zu schnell aufgeschossen, von sich selbst überrascht und in der Tat höchst fragwürdig war. Der Eindruck bestand, daß weder das Reich noch sein Untertan ihr Dasein einfach hinnahmen wie etwas Naturgewordenes. »Künstlich« nannte das Reich sogar sein Schöpfer, eine Treibhauspflanze war der Untertan; und auf unsolide Art zur Welt gekommen, nahmen sie sich das Recht, auch so zu leben, rechneten, anstatt mit Zeit und Selbsterziehung, auf jeden Zufall der Gewalt, jede unlautere Nachhilfe, jeden Bluff. Der erste von allen war ihre vorgebliche »Regierung über den Parteien«. Irgendein Mensch, der an Kraft des Urteils, der Tat, des Charakters nichts voraus hatte vor jeder mittleren Gestalt des täglichen Lebens, wurde durch eine Ernennungsurkunde des Herrschers unvermittelt der große Mann, dessen Geist über die Niederungen der Parteien erhaben und jeder Verantwortung entzogen, in ein nationales All von Kraft und Herrlichkeit tauchte. Das Amt des Reichskanzlers war nicht das eines sterblichen Ministerpräsidenten, es war dank seinem ersten, so erfolgreichen Verwalter ein archaistisch vergrößerter Popanz, das arme Menschengesicht Dessen, der es bekleiden sollte, erstarb darin. Vom Absolutismus die ganze Verlogenheit, vom Parlamentarismus einzig nur die Be-

## Materialien

stechlichkeit, dies war das Rezept. Der Staat, der danach lebte, durfte mit Verachtung hinabsehen auf die Demokratien, die es sich versagen müssen, zu lügen, und deren Parlamente jeden Skandal überstehen, weil sie, machtvoll und aktiv, die Rolle von Bestochenen niemals lange behalten können. Aber Demokratien haben keine Fassade, und das Reich hatte eine, die nichts durchließ. Gegen Ende begann sie zu bröckeln, ein Heeres- und Marinestank drang aus den Spalten ... Gleichviel, nur selbstgerecht so fort, nur laut, nur vornweg, nur betriebsam. Das reichste Volk gemimt, indes man jeden Gewinn alsbald in neue waghalsige Spekulationen steckte, das mächtigste Volk, und es säete sich ringsum Feinde, seine einstige Ohnmacht. [...] Ihr Kaiser vertritt die Deutschen seines Reiches, im Namen ihres Wesentlichen, restlos vor der Geschichte. Sein Weben und Walten, die Sorgen seiner Nächte und seine feierlichsten Rufe in die Seele seines Volkes – waren Betriebsamkeit. Ein Überallundnirgends im Adlerhelm, der das monarchische Prinzip oder ein neues Fabrikat anpreist, dies hieß Kaiser. Wie modern! Ludwig Philipp trug seinen Regenschirm, bis er ihn zuklappte und nach England abfuhr. Hier aber war alles gewachsen bis ins Babylonische, das Geschäft, der Anreißer, die Bürgerlichkeit – und dazu gespickt der ganze Betrieb mit Drohungen für die Konkurrenz, mit trocken gehaltenem Pulver und schneidigem Schwert. Geschäft auf Grund von Siegen, vergangenen und künftigen! Da jagte er durch das Land, der Bürgerkaiser, mit seinen siebzig Uniformen, und stachelte seinen Untertan an, noch tüchtiger zu sein, auch dies noch zu verfertigen, auch hier noch »an die Spitze« zu kommen und, Neidern und Schwarzsehern zum Trotz, immer noch »klotziger« zu verdienen. Womit immer er sich befaßte, was er gerade vorführte und empfahl: Erfolg! Erfolg, höchste Bürgertugend! Alles verstehen wollen, aber nichts wirklich können und lieben, überall gewesen und schon wieder zurück sein, an nichts hängen, haltlos und unsachlich bis zum Grauen sein, ein Schein sein, eine Bühnenlarve – und dort, wo das Herz sitzt, nichts haben als die Anbetung des Erfolges, sei er bei durchgedrungenen Künstlern oder amerikanischen Milliardären, die unbedingte Anbetung jedes Erfolges, der sich in Geld ausdrückt: so und nicht anders mußte der Mann aussehen, der in solchem Reich die Norm war und allen ihr erhöhtes Bild bot. So und nicht anders war er. Er ist von den Seinen bewundert worden, wie selten die menschliche Eigenliebe sich selbst bewunderte. Er war ihr Abgott. Als sie ihn gehen ließen, verstießen sie nur sich selbst. Sie sollen ihn nicht verleugnen. Sie sollen sich nicht auf ihn entlasten. Seine Schuld ist die kleinere, denn seine Rolle auf dem gemeinsamen Theater war durch sie bestimmt. So viel sie selbst aus ihm machten, hat er nicht beitragen können zu ihrer Schönheit.

Der Oberste Kriegsherr dieses Theaters hat wohl auch schwere Stunden gehabt. Auf keinen Fall ist es glaubhaft, daß die einsame Spitze ganz so ohne Blick und Wissen gewesen sei wie die Moleküle im breiten Gestein der lebenden Pyramide. Wenn er, krank wie sein Reich, der Erschöpfung nahe war: – er hatte sich eine internationale Abfuhr geholt oder, »im Innern unbeschränkt«, mit Reden wie eines aus der Haut gefahrenen Schwerindustriellen den Sozialismus vernichtet und war nun erschöpft, welcher bittere Geschmack trat ihm da auf die Zunge? So schmeckt die Unfruchtbarkeit. Herbei, Geschaffenes! Ach! nur Nachgeahmtes kam, und die englische Flotte blieb die größere. Nachahmung: die ganze Leere der vierzig Jahre gähnt aus dem Wort. Der Bürger äffte den Ritter, beide zusammen äfften England und das Reich alle dagewesenen Beispiele »öder Weltherrschaft«. Nachahmung macht unfruchtbar bis ins Kleinste. Kein Bedarfsartikel erschien, damit er nur gut sei; er hatte »deutsch« zu sein und irgendwie »an der Spitze« zu stehen.

Quälender aber werden die Fragen, wenn aufgerufen werden soll, was bei der Hast, voranzukommen, verloren ging. Nachahmung muß doch Eigenstes kosten? Da die technischen Erfindungen des Zeitalters, trotz unserem heißen Bemühen, fast alle draußen entstanden, was versäumten wir statt dessen? Steht das Können der Hand und des Auges nicht hoch bei uns, wir hatten doch ein anderes, und fühlten es als unseres, solange wir unverfälscht waren. Aber gerade die Werke des Geistes waren dem Reich eine Verlegenheit, wie lästige Fremde, die man rücksichtenhalber nicht ausweisen kann. Auch suchten sie selbst nur selten einen Anschluß an die Wirklichkeit des Reiches. Das seit 1870 erwachsene literarische Geschlecht hat freilich um 1890 einen Versuch gemacht, dem Reich und der Epoche, die so sehr Stoff waren, ihren seelischen Gehalt abzugewinnen und dergestalt sie zu besiegen. Stofflichkeit um der Wahrheit willen und, schon dadurch, sittlicher Drang aus ihr heraus: dies ergab den Naturalismus. Die Erregung, die er bewirkte, war größer, als ein nur literarischer Umschwung sie zeitigen kann; sie galt der neuen Wirklichkeit, die sich ankündigte. Notwendig aber fehlte dem deutschen Naturalismus, trotz liebenswertesten Werken, in einem solchen Reich das Rückgrat des festen Ideenglaubens, den zu derselben Zeit Zola bewährte. Gute Wallungen gehen vorbei mit der abnehmenden Jugend; und diese sozialen Dichter schwenkten ab, gleichwie ihr Altersgenosse, der Kaiser, als »die Kompottschüssel voll« war, seine kurze Hinneigung zu den Enterbten vergaß. Was noch folgte, war die Vollendung einzelner, nicht mehr

## Materialien

Ausdruck der Epoche. Wie jeder dichtende Geist sich allein fühlte! Stand im Wesen jenseits dieses ungünstigen Augenblicks und kämpfte um seine Beachtung mit nicht ganz gutem Gewissen und einem Wozu? Drang einer durch? Dann war er mißverstanden, ward Zwecken angepaßt, die unter ihm waren. Das Schicksal Nietzsches. [...] Geister jedes Faches haben Paradoxe, künstlerische Verführungen, gelehrtes Blendwerk beigebracht, deren Folge und Ergebnis »alldeutsch« heißt. Wagner benutzte unter allen den populärsten Apparat, er entzog seine Mittel der Aufsicht der Vernunft, und er war bedenkenlos wie einer, weil im Vorrecht des Künstlers. Ein revolutionäres Erlebnis verraten und zu der Macht überlaufen, die wieder obenauf ist: gesetzt, daß niemand es dürfte, so doch ein Künstler? Was ist ein Künstler, wenn nicht der wirksamste Bekräftiger des gerade Bestehenden! 1848 hätte dem willigen Künstler mehr Gelegenheit zur Wirkung bieten sollen! Freiheit und Menschentum, die versagen, haben allem anderen Platz zu machen, das auf der Opernbühne nur ziehen kann: einer schwitzenden Kraftentfaltung, dem als Zustand waltenden Siegesgetöse, gewissen Schwülsten von Deutschtum, die um des Farbenspieles und Effektes willen sogar antisemitisch schillern. Wie sieht er die Macht, die ihm heilig ist? In Gestalt von Zaubermännern mit Schwanenhelmen. Wie das Volk? In den Spalieren eines vom Glanz seiner Herren geblendeten, von den Ereignissen ewig überraschten Chores. Wie den Deutschen? Als den ruchlosen Tölpel Siegfried. Wie sich selbst, der Plebejer? Mit den adeligen Zügen eines blonden Stolzing. So darf denn auch, als das Leben herum ist, der letzte Schwindel nicht ausbleiben, das christliche Leiden, von dem der große Mann und Königsliebling sich allerwege nach Kräften gedrückt hatte. Jung belügt man sich selbst, als Mann die anderen, im Alter wieder sich. Was bleibt? Musikalisches Ausdrucksvermögen, genial so viel man will, für vergiftete Gefühle und einen verfälschten Geist; die Oper, die ein schönes, luftig-sinnliches Gebilde gewesen war, grob materialisiert und zum Wagnerbetrieb gemacht, einer vorwiegend sozialen und wirtschaftlichen Tatsache, die den Bestand ihres Gründers länger sichern wird, als seine Kunst es vermöchte. Was bleibt? Eine scheinbare Vermehrung des deutschen Ruhmes, – bis am entscheidenden Tage das Herausfordernde, Enge und Trübe der in solchem Werk handelnden Seele dem Haß der Feinde um so festeren Anhalt bot. Über alles dies aber hat das zielbewußte Talent, dem seine Kunst nicht zuerst Kunst, sondern »deutsch« war, genau wie dem mitlebenden Fabrikanten sein Produkt, sich noch die Philosophie des leidenden Geistes Schopenhauer angemaßt. Oder war sie wohl erworben? Durch die Bitterkeit des Lasterhaften? Die Weltverachtung des Ehrgei-

## Materialien

zigen? Nicht ungestraft jagt jemand, der an sich selbst nichts zu verraten hatte und überall nur sich anschmeißt und einschwindelt, sein Leben lang dem Rausch der Wirkung nach, dem sofortigen Genuß des Tages, – anstatt daß Ruhm und Tag, herangereift, zu uns treten. Lange, nachdem er und sein Geschlecht dahin waren, traten Ruhm und Tag zu einem derer, die in seinem Schatten gelebt hatten und gestorben waren. Ein großer Künstler, o Gottfried Keller, kann selbst zu einer solchen Zeit ein braver Mann und darum erst groß sein: aus einem Stück, eines Glaubens, und mit Selbstverständlichkeit deutsch. Ein Zeitalter, das an Geister wieder glaubt, wird sie erblicken. Das Auftreten des Genies entscheidet sich nach dem Bedürfnis. Das mechanistische Kaiserreich hatte die Atmosphäre, die es verdiente: es schuf sich eine Ideologie des Bösen. [...] Der Krieg kam durch den Untertan. Der Untertan verzichte doch darauf, die immer wiederholten Kriegsdrohungen seines mit ihm verschmolzenen Kaisers für Verirrungen eines einzelnen zu halten. Wilhelm der Zweite hat jedesmal ungehemmt nur herausgesagt, was im Hintergrund jedes Bewußtseins war und 1913, bei der wüsten Hetze jener Jahrhundertfeste, nicht mehr im Hintergrund blieb: zuletzt sind wir der Sieger. Wir dürfen uns überall verhaßt machen, brauchen über die Völker, mit deren Hilfe wir reich werden wollen, kein wahres Wort zu wissen und mögen sogar den Allerunwissendsten die Führung der Geschäfte lassen: zuletzt muß doch alles noch eingeholt werden, denn wir sind der Sieger. Der Sieg, unser gottgewolltes Amt, gibt uns ein Recht auf alle Fehler, jeden Übermut. Ende gut, alles gut.

Dennoch durfte Wilhelm sich den Friedenskaiser nennen lassen; er wollte nicht, was er sprach, ein glänzender Erbe, der alle Hände voll zu tun hat mit Einheimsen, Prunken, Spielen, kann den Ernstfall nicht wollen. Der Ernstfall war in seinem Munde ein dramatisches Requisit, eine nur gedachte Ausflucht aus selbstgeschaffenen Verlegenheiten, keine Vorstellung, kein Ernst. Wie er, sein Untertan: zu phantasiearm und zu eitel, um die Folgen des eigenen Treibens zu ermessen. Gewalt im Sinn, aber solange die Futter- und Geldhaufen noch anschwellen, nicht geneigt zur Gewalt. [...] Der Krieg bricht aus. Sie haben ihn nicht gewollt. Sie haben nur so gelebt, daß er kommen mußte. [...]

---

1 Die Veröffentlichung des Textes (Mai 1919) wurde bis nach dem Friedensschluss hinausgeschoben. Der Text ist entnommen: Mann, Heinrich: Kaiserreich und Republik. Aus: Ders.: Macht und Mensch. Essays. Frankfurt/Main: Fischer Verlag 1989, S. 173-230. Mit freundlicher Genehmigung des © S. Fischer Verlags. Die Erstausgabe erschien 1919 im Kurt Wolff Verlag, München und Leipzig.

**Materialien**

Durch eine neue Vorrichtung entwickelt sich auch der Rauch auf unseren Kriegsschiffen in der mit recht so beliebten Haby-Form.

Der Bart als schmückendes Zeichen treudeutscher Gesinnung war schon zu Kaisers Zeiten Zielscheibe bissiger Karikaturen.

„Es ist erreicht!"
Die Schnurrbartspitzen haben es erreicht, zusammenzutreffen
(Šipy, Prag 1903.)

## > Was darf die Satire? (1919)

Kurt Tucholsky

*Frau Vockerat: »Aber man muß doch seine Freude haben können an der Kunst.«*
*Johannes: »Man kann viel mehr haben an der Kunst als seine Freude.«*
*Gerhart Hauptmann*

Wenn einer bei uns einen guten politischen Witz macht, dann sitzt halb Deutschland auf dem Sofa und nimmt übel. Satire scheint eine durchaus negative Sache. Sie sagt: »Nein!« Eine Satire, die zur Zeichnung einer Kriegsanleihe auffordert, ist keine. Die Satire beißt, lacht, pfeift und trommelt die große, bunte Landsknechtstrommel gegen alles, was stockt und träge ist.

Satire ist eine durchaus positive Sache. Nirgends verrät sich der Charakterlose schneller als hier, nirgends zeigt sich fixer, was ein gewissenloser Hanswurst ist, einer, der heute den angreift und morgen den. Der Satiriker ist ein gekränkter Idealist: er will die Welt gut haben, sie ist schlecht, und nun rennt er gegen das Schlechte an. Die Satire eines charaktervollen Künstlers, der um des Guten willen kämpft, verdient also nicht diese bürgerliche Nichtachtung und das empörte Fauchen, mit dem hierzulande diese Kunst abgetan wird.

Vor allem macht der Deutsche einen Fehler, er verwechselt das Dargestellte mit dem Darstellenden. Wenn ich die Folgen der Trunksucht aufzeigen will, also dieses Laster bekämpfe, so kann ich das nicht mit frommen Bibelsprüchen, sondern ich werde es am wirksamsten durch die packende Darstellung eines Mannes tun, der hoffnungslos betrunken ist. Ich hebe den Vorhang auf, der schonend über die Fäulnis gebreitet war, und sage: »Seht!« – In Deutschland nennt man dergleichen ›Kraßheit‹. Aber Trunksucht ist ein böses Ding, sie schädigt das Volk, und nur schonungslose Wahrheit kann da helfen. Und so ist das damals mit dem Weberelend gewesen, und mit der Prostitution ist es noch heute so.

Der Einfluß Krähwinkels hat die deutsche Satire in ihren so dürftigen Grenzen gehalten. Große Themen scheiden nahezu völlig aus. Der einzige ›Simplicissimus‹ hat damals, als er noch die große, rote Bulldogge rechtens im Wappen

## Materialien

führte, an all die deutschen Heiligtümer zu rühren gewagt: an den prügelnden Unteroffizier, an den stockfleckigen Bürokraten, an den Rohrstockpauker und an das Straßenmädchen, an den fettherzigen Unternehmer und an den näselnden Offizier. Nun kann man gewiß über all diese Themen denken wie man mag, und es ist jedem unbenommen, einen Angriff für ungerechtfertigt und einen anderen für übertrieben zu halten, aber die Berechtigung eines ehrlichen Mannes, die Zeit zu peitschen, darf nicht mit dicken Worten zunichte gemacht werden.

Übertreibt die Satire? Die Satire muß übertreiben und ist ihrem tiefsten Wesen nach ungerecht. Sie bläst die Wahrheit auf, damit sie deutlicher wird, und sie kann gar nicht anders arbeiten als nach dem Bibelwort: Es leiden die Gerechten mit den Ungerechten.

Aber nun sitzt zutiefst im Deutschen die leidige Angewohnheit, nicht in Individuen, sondern in Ständen, in Korporationen zu denken und aufzutreten, und wehe, wenn du einer dieser zu nahe trittst. Warum sind unsere Witzblätter, unsere Lustspiele, unsere Komödien und unsere Filme so mager? Weil keiner wagt, dem dicken Kraken an den Leib zu gehen, der das ganze Land bedrückt und dahockt: fett, faul und lebenstötend.

Nicht einmal dem Landesfeind gegenüber hat sich die deutsche Satire herausgetraut. Wir sollten gewiß nicht den scheußlichen unter den französischen Kriegskarikaturen nacheifern, aber welche Kraft lag in denen, welch elementare Wut, welcher Wurf und welche Wirkung! Freilich: sie scheuen vor gar nichts zurück. Daneben hingen unsere bescheidenen Rechentafeln über U-Boot-Zahlen, taten niemandem etwas zuleide und wurden von keinem Menschen gelesen.

Wir sollten nicht so kleinlich sein. Wir alle – Volksschullehrer und Kaufleute und Professoren und Redakteure und Musiker und Ärzte und Beamte und Frauen und Volksbeauftragte – wir alle haben Fehler und komische Seiten und kleine und große Schwächen. Und wir müssen nun nicht immer gleich aufbegehren »Schlächtermeister, wahret eure heiligsten Güter!«, wenn einer wirklich einmal einen guten Witz über uns reißt. Boshaft kann er sein, aber ehrlich soll er sein. Das ist kein rechter Mann und kein rechter Stand, der nicht einen ordentlichen Puff vertragen kann. Er mag sich mit denselben Mitteln dagegen wehren, er mag widerschlagen – aber er wende nicht verletzt, empört, gekränkt das Haupt. Es wehte bei uns im öffentlichen Leben ein reinerer Wind, wenn nicht alle übel nähmen.

So aber schwillt ständischer Dünkel zum Größenwahn an. Der deutsche Satiriker tanzt zwischen Berufsständen, Klassen, Konfessionen und Lokaleinrichtungen einen ständigen Eiertanz. Das ist gewiß recht graziös, aber auf die Dauer etwas ermüdend. Die echte Satire ist blutreinigend: und wer gesundes Blut hat, der hat auch einen reinen Teint.

Was darf die Satire?
Alles.

# > Literaturhinweise[1]

Heinrich Mann: Der Untertan. (=Studienausgabe in Einzelbänden. Hg. v. Peter-Paul Schneider). Frankfurt/Main 1991.

Der Untertan von Wolfgang Staudte. DVD 19053. Icestorm Entertainment. Berlin 2002.

**Heinrich Mann**

Anger, Sigrid (Hg.): Heinrich Mann 1871-1950. Werk und Leben in Dokumenten und Bildern. 2. Aufl. Berlin/Ost 1977.

Arnold, Heinz Ludwig (Hg.): Heinrich Mann. Sonderband Text und Kritik. München 1971.

Flügge, Manfred: Heinrich Mann. Eine Biographie. Reinbek 2006.

Jasper, Willi: Der Bruder Heinrich Mann – Eine Biographie. Frankfurt/Main 1994.

Koopmann, Helmut: Thomas Mann – Heinrich Mann. Die ungleichen Brüder. München 2005.

Schöller, Wilfried F.: Heinrich Mann. Bilder und Dokumente. 2. Aufl. München 1991.

Schröter, Klaus: Heinrich Mann. Mit Selbstzeugnissen und Bilddokumenten. Reinbek 1988 (1967).

Stein, Peter: Heinrich Mann. Stuttgart/Weimar 2002.

Werner, Renate: (Hg.): Heinrich Mann: Texte zu seiner Wirkungsgeschichte in Deutschland. Tübingen 1977.

**Der Untertan – Buch**

Alter, Reinhard: Heinrich Manns Untertan – Prüfstein für die Kaiserreich-Debatte? In: Geschichte und Gesellschaft 17, 1991, S. 370-389.

Arntzen, Helmut: Die Reden Wilhelms II. und Diederich Heßlings. Historisches Dokument und Heinrich Manns Romansatire. In: Literatur für Leser, 1980, S. 1-14.

Betz, Frederick: Der Untertan. Erläuterungen und Dokumente. Ditzingen 1993.

Emmerich, Wolfgang: Heinrich Mann: Der Untertan. München 1980.

Hillmann, Roger: Die Lohengrin-Parodie in Heinrich Manns Der

# Materialien

Untertan. In: Arbeitskreis Heinrich Mann. Mitteilungsblatt 1981, S. 123-129.

Hummelt-Wittke, Monika: Heinrich Mann: Der Untertan. München 1998.

Koopmann, Helmut: Der Untertan oder die Begründung der Macht aus dem Geiste des Katechismus. In: Heinrich-Mann-Jahrbuch 10, 1992, S. 75-94.

Martin, Ariane: »Staatsformen sind Empfindungsformen«. Der Untertan und Die kleine Stadt als oppositionelle Modelle gesellschaftlicher Ordnung. In: Dies.: Erotische Politik. Heinrich Manns Frühwerk. Würzburg 1993, S. 176-258.

Mayer, Hans: Heinrich Manns Untertan als Roman des Kaiserreichs. In: Ders.: Ansichten von Deutschland. Bürgerliches Heldenleben. Frankfurt/Main 1988, S. 79-88.

Nägele, Rainer: Theater und kein gutes. Rollenpsychologie und Theatersymbolik in Heinrich Manns Roman Der Untertan. In: Colloquia Germanica 1973, S. 28-49.

Pelster, Theodor: Der Untertan. Lektüreschlüssel. Ditzingen 2006.

Scheuer, Helmut: Heinrich Mann: Der Untertan. In: Interpretationen. Romane des 20. Jahrhunderts. Bd.1. Ditzingen 1993, S. 7-52.

Schneider, Peter-Paul: Nietzsche in Netzig – Ein unbekanntes Notizbuch Heinrich Manns zum Untertan. In: Heinrich-Mann-Jahrbuch 14, 1996, S. 139-164.

Schneider, Peter-Paul: Nachwort. In: Heinrich Mann: Der Untertan. Frankfurt/Main 1991, S. 479-498.

Schröter, Klaus: Zu Heinrich Manns Untertan. In: Ders.: Heinrich Mann. Untertan – Zeitalter – Wirkung. Drei Aufsätze. Stuttgart 1971, S. 9-38.

Siebert, Ralf: Das Satirische als Verständnisbarriere: Sachanalytische und didaktische Überlegungen zur Behandlung von Heinrich Manns Romansatire Der Untertan im Unterricht. In: Kulturstiftung Hansestadt Lübeck (Hg.): Materialien zur Lehrerfortbildung II. Lübeck 1999, S. 37-54.

Siebert, Ralf: Heinrich Mann: Im Schlaraffenland, Professor Unrat, Der Untertan. Studien zur Theorie des Satirischen und zur satirischen Kommunikation im 20. Jh. Siegen 1999.

Sprengel, Peter: Kaiser und Untertan. Zur Genese von Heinrich Manns Roman. In: Heinrich-Mann-Jahrbuch 10, 1992, S. 57-74.

Sprengel, Peter: Literatur im Kaiserreich. Studien zur Moderne. Berlin 1993, S. 34-42.

Vogt, Jochen: Diederich Heßlings autoritärer Charakter. Sozialpsychologisches in Heinrich Manns Der Untertan. In: Heinz Ludwig Arnold (Hg.): Heinrich Mann. Sonderband Text und Kritik. München 1971, S. 58-69.

Wißkirchen, Hans: Heinrich Mann: Der Untertan. Epochenroman oder Satire? In: Heinrich-Mann-Jahrbuch 11, 1993, S. 53-73.

**Wolfgang Staudte**

Gregor, Ulrich/Ungureit, Heinz: Wie sie filmen. Fünfzehn Gespräche mit Regisseuren der Gegenwart. Gütersloh 1966.

Grisko, Michael/Filmmuseum Potsdam (Hg.): Nachdenken über Wolfgang Staudte. Siegen 2007.

Grunwald, Gabriela: Wolfgang Staudte. In: Cinegraph. Lexikon zum deutschsprachigen Film 20. Lieferung. München 1993.

Jung, Uli: Wolfgang Staudte. In: Koebner, Thomas (Hg.): Filmregisseure. Stuttgart 1999, S. 646-651.

Knietzsch, Horst: Wolfgang Staudte. Berlin/Ost 1966.

Ludin, Malte: Wolfgang Staudte. Reinbek 1996.

Orbanz, Eva/Prinzler, Hans Helmut (Hg.): Staudte. Mit einem Nachwort von Heinz Ungureit. Berlin 1991 (erw. Ausgabe von: Stiftung deutsche Kinemathek (Hg.): Wolfgang Staudte. Berlin 1977).

Schmidt-Lenhard, Uschi/ Schmidt-Lenhard, Andreas (Hg.): Courage und Eigensinn. Zum 100. Geburtstag von Wolfgang Staudte. St. Ingbert 2006.

Sonderheft der Zeitschrift »Film und Fernsehen«. Ein Nachtrag zur DEFA-Geschichte des Regisseurs Wolfgang Staudte. Heft 9, Berlin/Ost 1986.

**Der Untertan – Film**

Braune, Brigitte: Der Untertan. In: Bohnenkamp, Annette (Hg.): Literaturverfilmungen. Ditzingen 2005, S. 169-178.

Deiker, Barbara/Gast, Wolfgang: Wolfgang Staudte: Der Untertan. In: Dies.: Film und Literatur. Analyse, Materialien, Unterrichtsvorschläge, Band 2. Frankfurt/Main 1993, S. 5-31.

Grisko, Michael: »Wenn Heinrich Mann bei uns wäre ...« Der Untertan – Bilder von Macht und Geschichte als Zündstoff im Kalten Krieg. Eine Spurensuche. In: apropos film 2004. Jahrbuch der DEFA-Stiftung. Berlin 2005, S. 78-91.

Grisko, Michael: Heinrich Mann und der Film. München 2007.

Silbermann, Marc: Semper fidelis: Staudte's The Subject. In: Marc Rentschler (Ed.): German Film and Literature. Adaptations and Transformations. New York 1986, S. 146-160.

**Literaturverfilmungen**

Albersmeier, Franz-Josef/Roloff, Volker (Hg.): Literaturverfilmungen. Frankfurt/Main 1989.

Beutelschmidt, Thomas/Wrage, Henning: Das Buch zum Film – der Film zum Buch. Annäherung an den literarischen Kanon im DDR-Fernsehen. Leipzig 2004.

Grisko, Michael: Heinrich Mann gesehen und nicht gelesen. In: Delabar, Walter/Fähnders, Walter (Hg.): Heinrich Mann. Berlin 2005, S. 195-225.

Hickethier, Knut: Einführung in die Film- und Fernsehanalyse. 2. Aufl. Stuttgart/Weimar 1997.

Schmidt, Klaus M./Schmidt, Ingrid: Lexikon Literaturverfilmungen. Stuttgart/Weimar 1995.

Schanze, Helmut (Hg.): Fernsehgeschichte der Literatur. Voraussetzungen – Fallstudien – Kanon. München 1996.

## Materialien

### Film-, Literatur- und Zeitgeschichte

Becker, Wolfgang/Schöll, Norbert: In jenen Tagen … Wie der deutsche Nachkriegsfilm die Vergangenheit bewältigte. Opladen 1995.

Buchloh, Stefan: »Pervers, jugendgefährdend, staatsfeindlich«. Zensur in der Ära Adenauer als Spiegel des gesellschaftlichen Klimas. Frankfurt/Main/New York 2002.

Epkenhans, Michael/von Seggern, Andreas: Leben im Kaiserreich. Deutschland um 1900. Stuttgart 2007.

Filmmuseum Potsdam/Schenk, Ralf (Hg.): Das zweite Leben der Filmstadt Babelsberg. DEFA 1946-1992. Berlin 1994.

Frei, Norbert: Vergangenheitspolitik. München 1996.

Frevert, Ute: Die kasernierte Nation. München 2001.

Frevert, Ute: Ehrenmänner. Das Duell in der bürgerlichen Gesellschaft. München 1991.

Fritz, Raimund/Pflügl, Helmut (Hg.): Der geteilte Himmel. Höhepunkte des DEFA-Kinos 1946-1992. 2 Bde. Wien 2001.

Heimann, Thomas: DEFA, Künstler und SED-Kulturpolitik. Zum Verhältnis von Kulturpolitik und Filmproduktion in der SBZ/DDR 1945 bis 1959. Berlin 1994.

Hoffmann, Hilmar/Schobert, Walter (Hg.): Zwischen Gestern und Morgen. Westdeutscher Nachkriegsfilm 1946-1962. Frankfurt/Main 1989.

Jacobsen, Wolfgang/Kaes, Anton/Prinzler, Hans Helmut (Hg.): Geschichte des deutschen Films. Stuttgart/Weimar 1993.

Kannapin, Detlef: Antifaschismus im Film der DDR. DEFA-Spielfilme 1945-1955/56. Köln 1997.

Kreimeier, Klaus: Der westdeutsche Film in den fünfziger Jahren. In: Bänsch, Dieter (Hg.): Die fünfziger Jahre. Beiträge zu Politik und Kultur. Tübingen 1985, S. 283-305.

Lindenberger, Thomas (Hg.): Massenmedien im Kalten Krieg. Köln 2006.

Nipperdey, Thomas: Deutsche Geschichte 1866-1918. Bd. 1/Bd. 2. München 1990/1992.

Röhl, John C.G.: Wilhelm II. Der Aufbau der persönlichen Monarchie. München 2001.

Röhl, John C.G.: Wilhelm II. Die Jugend des Kaisers 1859-1888. München 1993.

Wehler, Hans Ullrich: Das deutsche Kaiserreich 1871-1918. Göttingen 1973.

Wurm, Carsten: Der frühe Aufbau-Verlag 1945-1961. Wiesbaden 1996.

---

1 Eine ausführliche Bibliografie der Sekundärliteratur zu Heinrich Mann und seinem Roman »Der Untertan« findet sich auf der Internetseite des Buddenbrookhauses www.buddenbrookhaus.de. Eine Liste mit zeitgenössischen Rezensionen zur Rezeption von Buch und Film findet sich in: Michael Grisko: Heinrich Mann und der Film. München 2007.

## > Abbildungsnachweis

Die Fotos zu den Dreharbeiten und aus dem Film »Der Untertan« sind – soweit nicht als »Screenshot« gekennzeichnet – von dem Fotografen Eduard Neufeld, sämtliche Rechte liegen bei der DEFA-Stiftung, Berlin.

Aufbau-Verlag: S. 12 o. r.

Beiblatt der Fliegenden Blätter, 21. Januar 1894: S. 17 o.; 10. Juni 1898: S. 17 u.

Brainpool TV GmbH: S. 80

Buddenbrookhaus, Heinrich-und-Thomas-Mann-Zentrum: S. 8, S. 12 o. l. und u. r., S. 14, S. 15 o., S. 22 o., S. 25 u. r., S. 26 o. l., S. 44, S. 55, S. 66

Bundesarchiv/Filmarchiv: S. 28 o. und u., S. 32, S. 67

Deutsches Literaturarchiv Marbach; S. 25 o.

Filmmuseum Düsseldorf: S. 6, S. 31, S. 35, S. 38-41, S. 48-53, S. 56, S. 86, S. 87

Filmmuseum Potsdam: S. 28 Mitte, S. 30, S. 34, S. 42, S. 43, S. 85

Hans-Otto-Theater Potsdam: S. 57

Heinrich-Mann-Archiv in der Akademie der Künste, Berlin: S. 13, S. 15 u., S. 22 Mitte und u., S. 23, S. 24, S. 25 u. l., S. 26 o. m. und r. sowie u. l.

**Abbildungsnachweis**

Klaus Staeck: S. 79

Kunstsammlung in der Akademie der Künste: S. 92

Stadtmuseum München: S. 65

Stiftung Deutsche Kinemathek: S. 12 u. l., S. 29, S. 33 o. l. und o. r. sowie 2. v. o. r. und u. r., S. 45-47, S. 64, S. 68-78, S. 82-84, S. 88

Screenshots »Der Untertan«: S. 33 2. u. r., S. 36, S. 37

Trotz intensiver Recherche konnten nicht alle Rechteinhaber ausfindig gemacht werden. Sollte es in Einzelfällen nicht gelungen sein, Rechteinhaber zu benachrichtigen, so bitten wir diese, sich bei dem Autoren zu melden.

# > Dank

Eine Ausstellung, die Herstellung des Katalogs und die Planung und Realisierung des Begleitprogramms sind ohne die kollegiale Mitarbeit vieler gar nicht denkbar. Aus dem Buddenbrookhaus sind Britta Dittmann, Helene Hoffmann und vor allem Anne Roßius zu nennen, die direkt und indirekt die Arbeiten unterstützt haben. Auch Jan Behrens, Anne Urbat und Isabel von Holt haben maßgeblich dazu beigetragen, dass alles zur rechten Zeit am richtigen Ort war.

Über einen langen Zeitraum wurden die Dokumente aus den Archiven zusammengetragen. Es ist der Sachkenntnis und dem unkomplizierten Engagement ihrer Mitarbeiterinnen und Mitarbeiter zu verdanken, dass die Exponate so zahlreich und vielfältig wurden.

Vielen Dank
- dem Aufbau-Verlag, Berlin (Frau Barbara Stang),
- der Brainpool TV GmBH (Frau Sandra Winterberg),
- dem Bundesarchiv-Filmarchiv Standort Berlin (Frau Ute Klawitter),
- der defa-spektrum GmbH (Frau Manja Meister),
- dem Filmmuseum Düsseldorf (Herrn Andreas Thein),
- dem Filmmuseum Potsdam (Frau Ines Belger, Frau Bärbel Dalichow, Frau Dorett Molitor, und Frau Heidrun Schmutzer),
- dem Heinrich-Mann-Archiv in der Akademie der Künste, Berlin (Frau Christina Möller und Frau Sabine Wolf),
- Herrn Klaus Staeck, Heidelberg,
- der Kunstsammlung in der Akademie der Künste (Frau Anita Metelka),
- Herrn Malte Ludin, Berlin,
- dem S. Fischer Verlag, Frankfurt am Main (Herrn Sascha Michel),
- der Stadtbibliothek Lübeck (Herr Robert Schweitzer),
- der Stiftung Deutsche Kine-

## Dank

mathek Berlin (Frau Regina Hoffmann, Frau Anett Sawall, Herrn Wolfgang Theis und Herrn Gerrit Thies),
– dem Leiter der Stiftung Deutsches Rundfunkarchiv Babelsberg, Herrn Peter-Paul Schneider.

Das Studio Andreas Heller, insbesondere Herr Alexander Kruse und Frau Jutta Strauß haben der Ausstellung ihre Gestalt gegeben. Dem Katalog und den Werbemitteln hat Jochen Ebert zu einem ansprechenden Auftritt verholfen. Auch hierfür und für die sehr gute Zusammenarbeit vielen Dank.

Der letzte außerordentliche Dank geht an die Sponsoren und Unterstützer, die der Ausstellung und dem Buddenbrookhaus das nötige Vertrauen und auch die nötigen finanziellen Mittel zur Realisierung eines derartigen Projekts gegeben haben.

# JETZT AUF DVD
# DER UNTERTAN
### Eine historische Satire von Heinrich Mann

Weitere Literaturverfilmungen der großen deutschen Schriftsteller auf DVD:

| Thomas Mann | Theodor Fontane | Friedrich Schiller | Johann Wolfgang von Goethe |
| --- | --- | --- | --- |
| Lotte in Weimar | Unterm Birnbaum | Kabale & Liebe | Die Leiden des jungen Werthers |

Diese und weitere Filme finden Sie im gut sortierten Fachhandel oder unter www.icestorm.de.
Auf Wunsch senden wir Ihnen gerne unseren Gesamtkatalog zu. Telefon: 030 / 780958-0

icestorm

## Die neue Zeitschrift

**Recherche Film und Fernsehen**
Hg.: Rainer Rother / Deutsche Kinemathek
zweimal jährlich, ca. 64 Seiten,
Einzelheft: Euro 8,- / Jahresabo: Euro 12,-
plus Versand

*Recherche Film und Fernsehen* widmet sich mediengeschichtlichen Themen, richtet den Blick aber auch auf aktuelle Ereignisse, Produktionen und Tendenzen. Die Zeitschrift, die zweimal im Jahr erscheint, legt den Fokus auf die Schnittstellen zwischen Zeitgeschichte und Film- und Fernsehgeschichte. Jedes Heft hat einen thematischen Schwerpunkt.
*RFF wird herausgegeben* von Rainer Rother / Deutsche Kinemathek – Museum für Film und Fernsehen. Redaktion: Michael Esser und Ralph Eue.

*Infos, Leseproben und Abos unter:*
*www.bertz-fischer.de/rff.html*

## Der neue Almanach

Jochen Brunow (Hg.)
Scenario 1. Drehbuch-Almanach
368 Seiten, 195 Fotos, Hardcover
Euro 22,90 [D] / 23,60 [A]
ISBN 978-3-86505-175-2

In *Scenario* reflektieren erfahrene Drehbuchautoren und -autorinnen über ihre Arbeit, ihr Handwerk und ihre Kunst. Der Almanach enthält ein ausführliches Werkstattgespräch, thematisch breit gefächerte Essays, die sich mit dem Erzählen in Bildern beschäftigen, sowie einen umfassenden Rezensionsteil; zudem ist das mit der »Goldenen Lola« prämierte »Beste unverfilmte Drehbuch des Jahres« vollständig abgedruckt. *Scenario* ist eine spannende Lektüre für alle, die das Kino lieben und sich für filmisches Erzählen interessieren.

»Toll. Total spannend zu lesen, weitgreifende Themen.« (Dominik Graf)

»Die erste und beste Adresse für Filmbücher«*
**www.bertz-fischer.de**

Bertz + Fischer GbR · Wrangelstr. 67 · 10997 Berlin · Tel. 030 / 61 28 67 41 · Fax: 030 / 61 28 67 51 · mail@bertz-fischer.de

* SFB/ORB Inforadio

BERTZ + FISCHER